KRONLEHEST TALDRINI: LILLEPOOLSALATID

100 toitvast ja maitsvast salatist koosneva kollektsiooniga õitsege terviseks

Galina Lõhmus

Autoriõigus materjal ©2024

Kõik õigused kaitstud

Ühtegi selle raamatu osa ei tohi mingil kujul ega vahenditega kasutada ega edastada ilma kirjastaja ja autoriõiguse omaniku nõuetekohase kirjaliku nõusolekuta, välja arvatud ülevaates kasutatud lühikesed tsitaadid. Seda raamatut ei tohiks pidada meditsiiniliste, juriidiliste või muude professionaalsete nõuannete asendajaks.

SISUKORD

- SISUKORD 3
- SISSEJUHATUS 6
- **LAVENDLISALATID** 7
  1. Lavendli virsiku ja Burrata salat 8
  2. Liblikad köögiviljade ja lavendliga 10
  3. Lavendli mee kana salat 12
  4. Lavendel Lemon Quinoa salat 14
  5. Lavendli virsiku salat kitsejuustuga 16
  6. Lavendli mustika-spinati salat 18
  7. Lavendli marjasalat mooniseemnete kastmega 20
  8. Lavendli grillitud köögiviljasalat 22
  9. Lavendli tsitrusviljade salat krevettidega 24
  10. Lavendli pirni ja pähkli salat 26
  11. Lavendli tomati Mozzarella salat 28
  12. Lavendli röstitud köögiviljasalat 30
  13. Lavendli-kana ja marja salat 32
  14. Lavendli apelsini kana salat 34
  15. Lavendli kitsejuustu ja peedisalat 36
  16. Kinoasalat feta ja jõhvikatega 38
  17. Lavendli röstitud kartuli salat 40
- **ROOSISALATID** 42
  18. Suvine marja- ja roosisalat 43
  19. Talvine roosi kroonlehe salat apelsini vinegretiga 45
  20. Mustika ja roosi kroonlehe salat 47
  21. Aedherne ja roosi kroonlehe salat 49
  22. Kaunis lillesalat roosivinegretiga 51
  23. Röstitud lõhesalat Rosé Vinaigrette'iga 53
  24. Arbuusi ja roosi kroonlehe salat 55
  25. Kurgi ja roosi kroonlehe salat 57
  26. Kinoa ja roosi kroonlehe salat 59
  27. Röstitud peedi- ja roosisalat 61
  28. Grillitud virsiku- ja roosisalat 63
  29. Vahemere roosisalat 65
  30. Röstitud peedi- ja roosisalat 67
  31. Viigimarja- ja roosisalat 69
  32. Tsitrusviljade ja roosi salat 71
  33. Pirni ja roosi salat 73
- **HIBISKUSESALATID** 75

34. Hibiscus Quinoa salat ... 76
35. Hibiski ja kitsejuustu salat ... 78
36. Hibiski tsitrusviljade salat ... 80
37. Hibiski avokaado salat ... 82
38. Hibiski peedi salat ... 84
NASTURTIUMSI SALATID ... 86
39. Nasturtiumi ja viinamarja salat ... 87
40. Kartul ja nasturtiumi salat ... 89
41. Nasturtiumi krevettide eelroa salat ... 91
42. Nasturtiumi ja maasikasalat ... 93
43. Nasturtiumi ja avokaado salat ... 95
44. Nasturtsiumi ja peedi salat ... 97
45. Nasturtiumi ja kana salat ... 99
VÕILILISALATID ... 101
46. Võilille ja chorizo salat ... 102
47. Võilillesalat Açaí marjakastmega ... 104
48. Võilille ja chorizo salat ... 106
49. Võilille salat ... 108
50. Röstitud Pattypan squash salat ... 110
51. Tomati, kõrvitsa ja võilille salatipurk ... 113
52. Kikerherne, tomati ja paprika salat purgis ... 115
53. Peedirohelise, porgandi, peedi ja kirsstomatite salat ... 117
54. Tomat, kana, kurk, võilillesalat purgis ... 119
55. Kuskussi, kana ja võilille salat ... 121
56. Võilillepasta salat ... 123
57. Närbunud võilillerohelised peekoniga ... 125
PRIMROOSSALATID ... 127
58. Suvine salat tofu ja priimulaga ... 128
59. Priimula ja tsitrusviljade salat ... 130
60. Priimula ja maasikasalat ... 132
61. Priimula ja kinoa salat ... 134
62. Priimula ja kana salat ... 136
KURURURGI SALATID ... 138
63. Kurgirohi ja kurgid hapukoores ... 139
64. Kurgirohu ja maasikasalat ... 141
65. Kurgirohu ja avokaado salat ... 143
66. Kurgirohi ja tsitruseliste salat ... 145
67. Kuskussi ja kurgirohu ürdisalat ... 147
68. Pasta Ricotta, kurgirohu ja roheliste ubadega ... 149
KRISANTEEMIDE SALATID ... 151
69. Punane kapsas krüsanteemiga s ... 152
70. Krüsanteemi ja mandariini salat ... 154
71. Krüsanteemi ja kinoa salat ... 156

72. Krüsanteemi ja kana salat 158

VIIOLAD JA PANSISALATID 160
73. Spargli Pansy salat 161
74. Pansy rukola salat 163
75. Viola ja segarohelise salat 165
76. Viola ja tsitruseliste salat 167
77. Viola ja kitsejuustu salat 169
78. Roheline salat söödavate lilledega 171

MIKROROHELISTE JA IDUDE SALAT S 173
79. Squash, Mikrorohelised ja Quinoa salat 174
80. Kevadine Mikrorohelisedi salat 176
81. Vikerkaare salat 178
82. Mõrkjas salat 180
83. Metsik riis ja mikroroheline salat 182
84. Mikrorohelised ja lumihernesalat 184
85. Päevalille idu salat 186
86. India pähkli koorega oakauss 188
87. Mango, brokkoli ja maasikasalat 190
88. Redise ja idu salat 192
89. Mikrorohelised segatud salat 194
90. Arbuus Mikrorohelisedi salatiga 196
91. Mikroroheline kevadsalat 198
92. Mikrorohelised ja redisesalat 200
93. Marja ja rukola salat 202
94. Maasika mikroroheline salat 204
95. Mikroroheline kinoa salat 206
96. Vikerpeedi- ja pistaatsiasalat 208
97. Köögiviljad ja Farro 210
98. Quinoa rukola salat 212
99. Segaroheline salat peediga 214
100. Brüsseli kapsa salat 216

KOKKUVÕTE 218

SISSEJUHATUS

Tere tulemast saatesse "Kroonlehest taldrikuni: lillejõu salatid", kus kutsume teid alustama teekonda, et õitseda tervena, kasutades 100 toitvat ja maitsvat salatiloomingut, mis tähistavad söödavate lillede ilu ja maitset. Erksate värvide ja õrnade maitsetega lilli on pikka aega hellitatud nii kulinaarsete naudingute kui ka elujõu sümbolitena. Selles kokaraamatus kasutame lillede jõudu elavate, toitvate salatite loomiseks, mis toidavad keha ja rõõmustavad meeli.

Sellest kokaraamatust leiate mitmesuguseid salatiretsepte, mis tutvustavad söödavate lillede ilu ja mitmekülgsust. Alates hooajalisest õitsengust pakatavatest värskendavatest suvistest salatitest kuni õrnade kroonlehtedega kaunistatud rikkalike teraviljakaussideni – iga retsept on loodud aia loomuliku helduse tähistamiseks ning alandliku salati maitse ja elegantsi uutesse kõrgustesse tõstmiseks.

"Kroonlehest taldrikuni: lillelised salatid" eristab selle rõhuasetus tervisele ja heaolule. Iga retsept on läbimõeldult kureeritud, et tagada toitainete ja maitsete tasakaal, sisaldades erinevaid värskeid köögivilju, puuvilju, teravilju, valke ja loomulikult söödavaid lilli. Ükskõik, kas soovite suurendada oma vitamiinide ja mineraalainete tarbimist, lisada oma toitumisele rohkem värvi ja vaheldust või lihtsalt nautida maitsvat ja rahuldavat einet, need salatid pakuvad toitvat ja maitsvat valikut igaks elujuhtumiks.

Kogu sellest kokaraamatust leiate praktilisi näpunäiteid söödavate lillede valimiseks, säilitamiseks ja ettevalmistamiseks, aga ka suurepäraseid fotograafia, mis inspireerib teie kulinaarset loomingut. Olenemata sellest, kas valmistate lihtsat lisandisalatit nädalaõhtusöögiks või korraldate sõpradega piduliku koosviibimise, "Kroonlehest taldrikuni: lillejõusalatid" pakub hulgaliselt maitsvaid ja toitvaid retsepte, mis sobivad igale maitsele ja eelistustele.

LAVENDLISALATID

1. Lavendli virsiku ja Burrata salat

KOOSTISOSAD:
- 2 küpset virsikut, viilutatud
- 8 untsi burrata juustu
- 4 tassi beebi rukolat
- 1/4 tassi hakitud pistaatsiapähkleid, röstitud
- 2 spl valget palsamiäädikat
- 1 spl mett
- 1 tl kuivatatud kulinaarset lavendlit
- 3 spl ekstra neitsioliiviõli
- Sool ja pipar maitse järgi

JUHISED:
a) Kastme valmistamiseks vispelda väikeses kausis valge palsamiäädikas, mesi, kuivatatud lavendel, oliiviõli, sool ja pipar.
b) Aseta rukolabeebi serveerimisvaagnale. Kõige peale tõsta viilutatud virsikud ja rebitud burrata juustu tükid.
c) Nirista kaste salatile. Puista peale röstitud pistaatsiapähklid. Serveeri kohe.

2.Liblikad köögiviljade ja lavendliga

KOOSTISOSAD:
- ½ naela pastat, näiteks Liblikad, orecchiette või gemelli
- 2 või 3 küüslauguküünt õhukesteks viiludeks või purustatud
- 2 suvikõrvitsat või suvikõrvitsat, tükeldatud
- 2 porgandit, kooritud ja tükeldatud
- 1 paprika, südamikuga
- 3 spl ekstra neitsioliiviõli
- 1 tl värskeid või kuivatatud lavendliõisi, lisaks veel kaunistuseks
- Sool ja värskelt jahvatatud must pipar

JUHISED:
a) Aja pott vesi keema ja soola. Lisa pasta ja keeda kuni al dente.
b) Vahepeal viilutage köögiviljad köögikombaini, mandoliini või noaga õhukesteks viiludeks.
c) Valage oliiviõli kuumutamata pannile ja lisage küüslauk.
d) Küpseta küüslauku, kuni see hakkab muutuma kuldseks, aeg-ajalt segades.
e) Kui küüslauk muutub kuldseks, lisa köögiviljad. Puista peale soola ja pipart ning lisa lavendel, purustades lilled sõrmeotstes, et vabastada nende lõhn.
f) Küpseta aeg-ajalt segades, kuni köögiviljad vaevu pehmenevad, vaid umbes 5 minutit.
g) Loodetavasti on pasta peaaegu valmis, nagu köögiviljad on peaaegu valmis.
h) Nõruta pasta, jättes alles veidi keeduvett.
i) Lisa köögiviljadele pasta ja jätka keetmist, lisades vajadusel vett, et segu oleks niiske.
j) Kui pasta ja köögiviljad on pehmed, kuid mitte pudrused, kohandage maitsestamist soola ja pipraga.
k) Kaunista paari lavendliõiega.

3.Lavendli mee kana salat

KOOSTISOSAD:
- 2 kondita, nahata kanarinda
- 6 tassi segatud rohelisi
- 1 tass kirsstomateid, poolitatud
- 1/2 tassi viilutatud kurki
- 1/4 tassi murendatud fetajuustu
- 1/4 tassi röstitud mandleid
- 2 spl oliiviõli
- 1 spl õunasiidri äädikat
- 1 spl mett
- 1 tl kuivatatud kulinaarset lavendlit
- Sool ja pipar maitse järgi

JUHISED:
a) Kuumuta ahi temperatuurini 375 °F (190 °C). Maitsesta kanarind soola, pipra ja kuivatatud lavendliga. Küpseta 20-25 minutit või kuni küps. Lase jahtuda, seejärel viiluta õhukeseks.

b) Kastme valmistamiseks vispelda väikeses kausis oliiviõli, õunaäädikas, mesi ja näpuotsaga kuivatatud lavendlit.

c) Sega suures kausis omavahel segatud rohelised, kirsstomatid, viilutatud kurk, murendatud fetajuust ja röstitud mandlid.

d) Lisa salati peale tükeldatud kana. Nirista lavendli meekastmega. Viska õrnalt katteks ja serveeri.

4. Lavendel Lemon Quinoa salat

KOOSTISOSAD:
- 1 tass kinoa, keedetud ja jahutatud
- 1/2 tassi keedetud kikerherneid
- 1/2 tassi kuubikuteks lõigatud kurki
- 1/4 tassi hakitud värsket peterselli
- 1/4 tassi murendatud fetajuustu
- 1 sidruni koor
- 1 sidruni mahl
- 2 spl oliiviõli
- 1 tl kuivatatud kulinaarset lavendlit
- Sool ja pipar maitse järgi

JUHISED:
a) Sega suures kausis keedetud kinoa, kikerherned, kuubikuteks lõigatud kurk, hakitud petersell, murendatud fetajuust ja sidrunikoor.
b) Kastme valmistamiseks vahustage väikeses kausis kokku sidrunimahl, oliiviõli, kuivatatud lavendel, sool ja pipar.
c) Vala kaste kinoasalatile ja viska õrnalt katteks. Serveeri jahutatult või toatemperatuuril.

5.Lavendli virsiku salat kitsejuustuga

KOOSTISOSAD:
- 2 küpset virsikut, viilutatud
- 4 tassi rukolat
- 1/4 tassi murendatud kitsejuustu
- 1/4 tassi röstitud pekanipähklit
- 2 spl palsamiäädikat
- 1 spl mett
- 1 tl kuivatatud kulinaarset lavendlit
- 2 spl ekstra neitsioliiviõli
- Sool ja pipar maitse järgi

JUHISED:
a) Kastme valmistamiseks klopi väikeses kausis kokku palsamiäädikas, mesi, kuivatatud lavendel, oliiviõli, sool ja pipar.
b) Segage suures kausis viilutatud virsikud, rukola, murendatud kitsejuust ja röstitud pekanipähklid.
c) Nirista kaste salatile ja viska õrnalt katteks. Serveeri kohe.

6.Lavendli mustika-spinati salat

KOOSTISOSAD:
- 4 tassi beebispinatit
- 1 tass värskeid mustikaid
- 1/4 tassi murendatud fetajuustu
- 1/4 tassi viilutatud mandleid, röstitud
- 2 spl valge veini äädikat
- 1 spl mett
- 1 tl kuivatatud kulinaarset lavendlit
- 3 spl ekstra neitsioliiviõli
- Sool ja pipar maitse järgi

JUHISED:
a) Kastme valmistamiseks vispelda väikeses kausis valge veini äädikas, mesi, kuivatatud lavendel, oliiviõli, sool ja pipar.
b) Sega suures kausis beebispinat, värsked mustikad, murendatud fetajuust ja röstitud mandlid.
c) Nirista kaste salatile ja viska õrnalt katteks. Serveeri kohe.

7.Lavendli marjasalat mooniseemnete kastmega

KOOSTISOSAD:
- 6 tassi segatud rohelisi
- 1 tass värskeid maasikaid, viilutatud
- 1/2 tassi värskeid mustikaid
- 1/2 tassi värskeid vaarikaid
- 1/4 tassi murendatud kitsejuustu
- 1/4 tassi viilutatud mandleid, röstitud
- 2 spl sidrunimahla
- 1 tl sidrunikoort
- 1 spl mett
- 1 tl kuivatatud kulinaarset lavendlit
- 1 spl mooniseemneid
- 3 spl ekstra neitsioliiviõli
- Sool ja pipar maitse järgi

JUHISED:
a) Kastme valmistamiseks vispelda väikeses kausis kokku sidrunimahl, sidrunikoor, mesi, kuivatatud lavendel, mooniseemned, oliiviõli, sool ja pipar.
b) Sega suures kausis omavahel segatud rohelised, viilutatud maasikad, mustikad, vaarikad, murendatud kitsejuust ja röstitud mandlid.
c) Nirista kaste salatile ja viska õrnalt katteks. Serveeri kohe.

8.Lavendli grillitud köögiviljasalat

KOOSTISOSAD:
- 2 suvikõrvitsat, pikuti viilutatud
- 1 punane paprika, neljaks lõigatud
- 1 kollane paprika, neljaks lõigatud
- 1 punane sibul, viilutatud ringideks
- 1 spl oliiviõli
- 1 tl kuivatatud kulinaarset lavendlit
- Sool ja pipar maitse järgi
- 4 tassi segatud rohelisi
- 1/4 tassi murendatud fetajuustu
- 2 spl palsamiäädikat
- 1 spl mett
- 3 spl ekstra neitsioliiviõli

JUHISED:
a) Eelkuumuta grill keskmisele-kõrgele kuumusele. Pintselda suvikõrvits, paprika ja punane sibul oliiviõliga. Puista üle kuivatatud lavendli, soola ja pipraga.
b) Grilli köögivilju pehmeks ja kergelt söestunud, suvikõrvitsa ja paprika puhul umbes 4–5 minutit ning sibula puhul 2–3 minutit ühe poole kohta.
c) Eemaldage grillitud köögiviljad grillilt ja laske neil veidi jahtuda. Haki suupistesuurusteks tükkideks.
d) Kastme valmistamiseks vispelda väikeses kausis kokku palsamiäädikas, mesi ja ekstra neitsioliiviõli.
e) Sega suures kausis segatud rohelised, grillitud köögiviljad ja murendatud fetajuust. Nirista peale kaste ja viska õrnalt katteks. Serveeri soojalt või toatemperatuuril.

9.Lavendli tsitrusviljade salat krevettidega

KOOSTISOSAD:
- 1 nael krevetid, kooritud ja tükeldatud
- 1 spl oliiviõli
- 1 tl kuivatatud kulinaarset lavendlit
- Sool ja pipar maitse järgi
- 6 tassi segatud rohelisi
- 1 apelsin, segmenteeritud
- 1 greip, segmenteeritud
- 1/4 tassi viilutatud punast sibulat
- 1/4 tassi murendatud fetajuustu
- 2 spl apelsinimahla
- 1 spl sidrunimahla
- 1 spl mett
- 3 spl ekstra neitsioliiviõli

JUHISED:
a) Kuumuta oliiviõli pannil keskmisel kuumusel. Maitsesta krevetid kuivatatud lavendli, soola ja pipraga. Küpseta krevette, kuni need on roosad ja läbipaistmatud, umbes 2–3 minutit mõlemalt poolt. Tõsta tulelt ja tõsta kõrvale.
b) Kastme valmistamiseks vahustage väikeses kausis kokku apelsinimahl, sidrunimahl, mesi ja ekstra neitsioliiviõli.
c) Segage suures kausis segatud rohelised, apelsinilõigud, greibilõigud, viilutatud punane sibul ja purustatud fetajuust.
d) Lisa keedetud krevetid salatile. Nirista peale kaste ja viska õrnalt katteks. Serveeri kohe.

10. Lavendli pirni ja pähkli salat

KOOSTISOSAD:
- 4 tassi segatud rohelisi
- 2 küpset pirni õhukesteks viiludeks
- 1/2 tassi kreeka pähkleid, röstitud ja hakitud
- 1/4 tassi murendatud sinihallitusjuustu
- 2 spl valge veini äädikat
- 1 spl mett
- 1 tl kuivatatud kulinaarset lavendlit
- 3 spl ekstra neitsioliiviõli
- Sool ja pipar maitse järgi

JUHISED:
a) Kastme valmistamiseks vispelda väikeses kausis valge veini äädikas, mesi, kuivatatud lavendel, oliiviõli, sool ja pipar.
b) Sega suures kausis omavahel segatud rohelised, viilutatud pirnid, röstitud kreeka pähklid ja murendatud sinihallitusjuust.
c) Nirista kaste salatile ja viska õrnalt katteks. Serveeri kohe.

11. Lavendli tomati Mozzarella salat

KOOSTISOSAD:
- 2 tassi kirsstomateid, poolitatud
- 8 untsi värsket mozzarella juustu, tükeldatud
- 1/4 tassi värskeid basiiliku lehti, rebitud
- 2 spl palsamiäädikat
- 1 spl mett
- 1 tl kuivatatud kulinaarset lavendlit
- 3 spl ekstra neitsioliiviõli
- Sool ja pipar maitse järgi

JUHISED:
a) Kastme valmistamiseks klopi väikeses kausis kokku palsamiäädikas, mesi, kuivatatud lavendel, oliiviõli, sool ja pipar.
b) Sega suures kausis kirsstomatid, kuubikuteks lõigatud mozzarella juust ja rebitud basiilikulehed.
c) Nirista kaste salatile ja viska õrnalt katteks. Serveeri kohe.

12.Lavendli röstitud köögiviljasalat

KOOSTISOSAD:
- 2 tassi kuubikuteks lõigatud kõrvitsat
- 2 tassi rooskapsast, poolitatud
- 1 punane sibul, viilutatud
- 2 spl oliiviõli
- 1 tl kuivatatud kulinaarset lavendlit
- Sool ja pipar maitse järgi
- 4 tassi beebispinatit
- 1/4 tassi kuivatatud jõhvikaid
- 1/4 tassi murendatud kitsejuustu
- 2 spl palsamiäädikat
- 1 spl mett
- 3 spl ekstra neitsioliiviõli

JUHISED:
a) Kuumuta ahi temperatuurini 400 °F (200 °C). Asetage kõrvits, rooskapsas ja punane sibul küpsetusplaadile. Nirista peale oliiviõli, puista üle kuivatatud lavendli, soola ja pipraga. Rösti 25-30 minutit, kuni köögiviljad on pehmed ja kergelt karamelliseerunud. Lase jahtuda.
b) Kastme valmistamiseks vispelda väikeses kausis kokku palsamiäädikas, mesi ja oliiviõli.
c) Sega suures kausis röstitud köögiviljad, beebispinat, kuivatatud jõhvikad ja murendatud kitsejuust. Nirista üle kastmega ja viska õrnalt peale. Serveeri kohe.

13.Lavendli-kana ja marja salat

KOOSTISOSAD:
- 2 kondita, nahata kanarinda
- 1 spl oliiviõli
- 1 tl kuivatatud kulinaarset lavendlit
- Sool ja pipar maitse järgi
- 6 tassi segatud rohelisi
- 1 tass värskeid maasikaid, viilutatud
- 1/2 tassi värskeid mustikaid
- 1/4 tassi viilutatud mandleid, röstitud
- 2 spl vaarikaäädikat
- 1 spl mett
- 3 spl ekstra neitsioliiviõli

JUHISED:
a) Kuumuta oliiviõli pannil keskmisel kuumusel. Maitsesta kanarind kuivatatud lavendli, soola ja pipraga. Küpseta, kuni see on pruunistunud ja läbi küpsenud, umbes 6-7 minutit mõlemalt poolt. Lase jahtuda, seejärel viiluta õhukeseks.
b) Kastme valmistamiseks vispelda väikeses kausis kokku vaarikaäädikas, mesi ja oliiviõli.
c) Sega suures kausis segatud rohelised, viilutatud maasikad, mustikad ja röstitud mandlid. Lisa peale viilutatud kana. Nirista üle kastmega ja viska õrnalt peale. Serveeri kohe.

14.Lavendli apelsini kana salat

KOOSTISOSAD:
- 2 kondita, nahata kanarinda
- 1 spl oliiviõli
- 1 tl kuivatatud kulinaarset lavendlit
- Sool ja pipar maitse järgi
- 6 tassi segatud rohelisi
- 2 apelsini, segmenteeritud
- 1/4 tassi kuivatatud jõhvikaid
- 1/4 tassi viilutatud mandleid, röstitud
- 2 spl apelsinimahla
- 1 spl mett
- 1 tl Dijoni sinepit
- 3 spl ekstra neitsioliiviõli

JUHISED:
a) Kuumuta oliiviõli pannil keskmisel kuumusel. Maitsesta kanarind kuivatatud lavendli, soola ja pipraga. Küpseta, kuni see on pruunistunud ja läbi küpsenud, umbes 6-7 minutit mõlemalt poolt. Lase jahtuda, seejärel viiluta õhukeseks.
b) Kastme valmistamiseks vahustage väikeses kausis kokku apelsinimahl, mesi, Dijoni sinep ja oliiviõli.
c) Segage suures kausis segatud rohelised, apelsinilõigud, kuivatatud jõhvikad ja röstitud mandlid. Lisa peale viilutatud kana. Nirista üle kastmega ja viska õrnalt peale. Serveeri kohe.

15. Lavendli kitsejuustu ja peedisalat

KOOSTISOSAD:
- 4 keskmist peeti, keedetud, kooritud ja viilutatud
- 4 tassi beebispinatit
- 1/4 tassi murendatud kitsejuustu
- 1/4 tassi hakitud kreeka pähkleid, röstitud
- 2 spl palsamiäädikat
- 1 spl mett
- 1 tl kuivatatud kulinaarset lavendlit
- 3 spl ekstra neitsioliiviõli
- Sool ja pipar maitse järgi

JUHISED:
a) Kastme valmistamiseks vispelda väikeses kausis kokku palsamiäädikas, mesi, kuivatatud lavendel, oliiviõli, sool ja pipar.
b) Segage suures kausis viilutatud peet, beebispinat, murendatud kitsejuust ja röstitud kreeka pähklid.
c) Nirista üle kastmega ja viska õrnalt peale. Serveeri kohe.

16.Kinoasalat feta ja jõhvikatega

KOOSTISOSAD:
- 1 tass kinoa, keedetud ja jahutatud
- 1/4 tassi kuivatatud jõhvikaid
- 1/4 tassi murendatud fetajuustu
- 1/4 tassi hakitud värsket peterselli
- 2 spl sidrunimahla
- 1 spl mett
- 1 tl kuivatatud kulinaarset lavendlit
- 3 spl ekstra neitsioliiviõli
- Sool ja pipar maitse järgi

JUHISED:
a) Kastme valmistamiseks vahustage väikeses kausis kokku sidrunimahl, mesi, kuivatatud lavendel, oliiviõli, sool ja pipar.
b) Sega suures kausis keedetud kinoa, kuivatatud jõhvikad, murendatud fetajuust ja hakitud petersell.
c) Nirista üle kastmega ja viska õrnalt peale. Serveeri jahutatult või toatemperatuuril.

17. Lavendli röstitud kartuli salat

KOOSTISOSAD:
- 1 1/2 naela beebikartulit, poolitatud
- 2 spl oliiviõli
- 1 tl kuivatatud kulinaarset lavendlit
- Sool ja pipar maitse järgi
- 4 tassi rukolat
- 1/4 tassi murendatud sinihallitusjuustu
- 2 spl punase veini äädikat
- 1 spl mett
- 3 spl ekstra neitsioliiviõli

JUHISED:
a) Kuumuta ahi temperatuurini 400 °F (200 °C). Viska pooleks lõigatud kartulid oliiviõli, kuivatatud lavendli, soola ja pipraga. Rösti 25-30 minutit, kuni see on pehme ja kuldpruun.
b) Kastme valmistamiseks vispelda väikeses kausis kokku punase veini äädikas, mesi ja oliiviõli.
c) Sega suures kausis röstitud kartul, rukola ja murendatud sinihallitusjuust. Nirista üle kastmega ja viska õrnalt peale. Serveeri soojalt või toatemperatuuril.

ROOSISALATID

18.Suvine marja- ja roosisalat

KOOSTISOSAD:
- 2 tassi segatud salatirohelist
- 1 tass värskeid maasikaid, viilutatud
- 1 tass värskeid vaarikaid
- 1/2 tassi värskeid mustikaid
- 1/4 tassi hakitud pekanipähklit
- 2 spl hakitud värskeid piparmündi lehti
- 2 spl hakitud värskeid roosi kroonlehti
- 2 spl vaarikaäädikat
- 1 spl mett
- Sool ja pipar maitse järgi

JUHISED:
a) Kastme valmistamiseks vispelda väikeses kausis vaarikaäädikas, mesi, sool ja pipar.
b) Sega suures segamiskausis segatud salatiroheline, viilutatud maasikad, vaarikad, mustikad, hakitud pekanipähklid, hakitud piparmündilehed ja hakitud roosi kroonlehed.
c) Nirista kaste salatile ja viska õrnalt katteks.
d) Serveeri kohe.

19.Talvine roosi kroonlehe salat apelsini vinegretiga

KOOSTISOSAD:
Apelsiniviiner:
- 1/4 tassi värskelt pressitud apelsinimahla
- 1 tl apelsini koort
- 2 spl palsamiäädikat
- 1/4 tassi oliiviõli
- 2 spl mett (või vahtrasiirupit vegani jaoks)
- 1 tl musti seesamiseemneid
- 1 tl mooniseemneid
- 1/2 teelusikatäit soola
- 1/2 tl rosmariini
- 1/4 tl pipart

SALAT
- 4 suure roosi kroonlehed, pestud ja rebitud
- 4 tassi värsket rohelist lehtsalatit, hakitud
- 1 keskküps avokaado, viilutatud
- 1 suur galaõun, südamikust puhastatud ja viilutatud
- 1/2 tassi kuivatatud jõhvikaid
- 1/4 tassi granaatõunaarilli
- 1/4 tassi kreeka pähkleid, jämedalt hakitud
- 1/4 tassi viilutatud mandleid

JUHISED:
a) Apelsini vinegreti jaoks: segage tihedalt suletava kaanega purgis värskelt pressitud apelsinimahl, apelsinikoor, palsamiäädikas, oliiviõli, mesi (või vahtrasiirup), mustad seesamiseemned, mooniseemned, sool, rosmariin ja pipar.
b) Segamiseks loksutage korralikult. Kui te kohe ei kasuta, hoidke külmkapis kuni 1 nädal. Enne serveerimist loksutage korralikult.
c) Salati jaoks: Viska suures kausis kokku rebitud roosi kroonlehed, hakitud roheline salat, viilutatud avokaado, viilutatud galaõun, kuivatatud jõhvikad, granaatõunaarilid, kreeka pähklid ja tükeldatud mandlid.
d) Nirista salatile soovitud kogus apelsinivinegretti ja viska õrnalt katteks. Visuaalselt atraktiivse esitluse saamiseks jagage salati koostisosad 4–6 taldrikule.
e) Serveeri koos lisakastmega küljel.

20.Mustika ja roosi kroonlehe salat

KOOSTISOSAD:
- 2 tassi värskeid mustikaid
- 1 tass segatud salatirohelist (nagu rukola, spinat või segatud rohelised)
- 1/4 tassi värskeid piparmündi lehti, hakitud
- 1/4 tassi värskeid basiiliku lehti, rebitud
- Söödavad roosi kroonlehed (veenduge, et need oleksid pestitsiidivabad)
- 1/4 tassi murendatud fetajuustu
- 1/4 tassi hakitud kreeka pähkleid või mandleid
- Palsamiäädikas
- Oliiviõli
- Sool ja pipar maitse järgi

JUHISED:
a) Loputage mustikad ja salatirohelised põhjalikult külma vee all. Patsutage need paberrätikute või puhta köögirätikuga kuivaks.
b) Sega suures salatikausis omavahel segatud salatiroheline, mustikad, tükeldatud piparmündilehed, rebitud basiilikulehed ja peotäis söödavaid roosi kroonlehti.
c) Röstige väikesel pannil keskmisel kuumusel hakitud kreeka pähkleid või mandleid, kuni need on kergelt kuldsed ja lõhnavad. Eemaldage kuumusest ja laske neil jahtuda.
d) Puista salatile murendatud fetajuust ja röstitud pähklid.
e) Nirista salatile palsamiäädika ja oliiviõliga. Maitsesta soola ja pipraga maitse järgi.
f) Segage kõik koostisosad õrnalt kokku, kuni need on hästi segunenud.
g) Serveeri kohe värskendava ja värvilise salatina.
h) Nautige oma mustika ja roosi kroonlehe salatit!

21. Aedherne ja roosi kroonlehe salat

KOOSTISOSAD:
- 1 peotäis rohelist lehtsalatit
- 1 peotäis punast lehtsalatit
- 1 peotäis lillat pak choi
- 1 peotäis spinatit
- 1 peotäis basiilikut
- 10-15 värsket hernest
- Roosi kroonlehed
- 1 spl orgaanilist maitsestamata jogurtit
- 1 spl oliiviõli
- 2 teelusikatäit mett
- 1 küüslauguküüs, hakitud

JUHISED:
a) Alustuseks puhastage kõik rohelised põhjalikult ja rebige need hammustussuurusteks tükkideks.
b) Haki basiilik ja viiluta värsked herned.
c) Sega keskmise suurusega kausis rohelised, hakitud basiilik ja viilutatud herned. Lisage segusse paar roosi kroonlehte, jättes enamiku kaunistuseks.
d) Eraldi väikeses kausis vahustage orgaaniline jogurt, oliiviõli, mesi ja hakitud küüslauk, kuni need on hästi segunenud.
e) Valage jogurtikaste salati segule ja segage ühtlase kattekihini.
f) Kaunista salat ülejäänud roosi kroonlehtedega.
g) Nautige oma aiaherne ja roosi kroonlehe salatit!

22.Kaunis lillesalat roosivinegretiga

KOOSTISOSAD:

Rose Vinegrette:
- 3 supilusikatäit keeva veega
- 1 roosi ürditeekott
- 1 ½ supilusikatäit ekstra neitsioliiviõli
- ½ tl agaavisiirupit (valikuline)
- Värskelt jahvatatud must pipar
- Näputäis soola (valikuline)

Lillesalat:
- 6 tassi segatud beebisalati rohelisi
- ¼ tassi söödavaid lilli kroonlehti (nagu rukkilill, päevalill, pansikad, krüsanteem, saialill, roos, lavendel, ürdi- ja köögiviljalilled)
- 1 kl värskeid marju (vaarikad, mustikad, murakad)
- 1 supilusikatäis kanepiseemneid
- 1 supilusikatäis chia seemneid
- 1 spl hakitud, magustamata kookospähklit

JUHISED:

a) Vinegreti valmistamiseks asetage väikesesse tassi keev vesi ja lisage roosi ürditeekott. Laske sellel 30 minutit toatemperatuuril tõmmata, seejärel eemaldage teepakk. Sega jahtunud tee ekstra neitsioliiviõli, agaavisiirupi (kui kasutad), värskelt jahvatatud musta pipra ja näpuotsatäie soolaga (soovi korral) väikeses kausis ühtlaseks massiks.

b) Salati jaoks viska kergelt kokku segatud beebisalati rohelised, söödavad lillelehed, värsked marjad, kanepiseemned, chia seemned, kookospähkel ja valmistatud roosivinegrett, kuni need on segunenud.

c) Serveeri kohe, et nautida selle kauni lillesalati värskust ja maitseid.

d) Nautige seda elavat ja toitvat kaunist lillesalatit roosivinegretiga!

23.Röstitud lõhesalat Rosé Vinaigrette'iga

KOOSTISOSAD:

LÕHE KOHTA:
- 1 kuni 1,5 naela Verlasso lõhe
- 2 tl oliiviõli
- Kosher sool ja must pipar

RIIDEMISEKS:
- 3 spl kuiva roosat veini (mitte vahuveini)
- ½ supilusikatäit valge veini äädikat
- ½ tl Dijoni sinepit
- ½ tl suhkrut
- Näputäis soola
- ¼ tassi neutraalse maitsega õli, nagu avokaadoõli

JUHISED:
a) Kuumuta ahi temperatuurini 425°F. Aseta lõhe fooliumiga kaetud ahjuplaadile. Pintselda oliiviõliga ning maitsesta soola ja pipraga. Rösti 12-14 minutit. Tõsta veidi jahtuma.
b) Kastme valmistamiseks vahusta ühes purgis rosé vein, valge veini äädikas, Dijoni sinep, suhkur ja sool. Lisage neutraalse maitsega õli, seejärel katke tihedalt suletav kaas. Segamiseks loksutage korralikult.
c) Jaga salat 4 taldriku vahel. Tõsta igaühe peale võrdsetes osades viilutatud kurgid, vaarikad, viilutatud avokaado, viilutatud roheline sibul ja kuubikuteks lõigatud fetajuust.
d) Lisa salatid röstitud lõhega ja maitsesta roosa veini vinegrettiga.
e) Serveeri koos jahutatud roséga värskendavaks eineks.
f) Ettevalmistamiseks valmistage lõhe ja vinegrett vastavalt juhistele. Hoida külmkapis õhukindlas klaasanumas kuni 3 päeva. Serveeri lõhe jahutatult või toatemperatuuril, kui valmistad ette.

24. Arbuusi ja roosi kroonlehe salat

KOOSTISOSAD:
- Kuubikuteks lõigatud arbuus
- Värsked piparmündilehed
- Söödavad roosi kroonlehed
- Feta juust, murendatud
- Mustad oliivid, kivideta ja viilutatud
- Kaste: sidrunivinegrett

JUHISED:
a) Kombineeri kuubikuteks lõigatud arbuus, värsked piparmündilehed, roosi kroonlehed, murendatud fetajuust ja viilutatud mustad oliivid.
b) Nirista peale sidrunivinegretti ja viska õrnalt katteks.

25.Kurgi ja roosi kroonlehe salat

KOOSTISOSAD:
- Tükeldatud kurgid
- Punane sibul, õhukeselt viilutatud
- Söödavad roosi kroonlehed
- Kreeka jogurt
- Sidrunimahl
- Till, hakitud

JUHISED:
a) Sega omavahel viilutatud kurgid, õhukeseks viilutatud punane sibul ja roosi kroonlehed.
b) Kastme valmistamiseks sega eraldi kausis kreeka jogurt, sidrunimahl ja hakitud till.
c) Vala salat kastmega ja serveeri.

26. Kinoa ja roosi kroonlehe salat

KOOSTISOSAD:
- Keedetud kinoa
- Kirsstomatid, poolitatud
- Söödavad roosi kroonlehed
- Kikerherned, nõrutatud ja loputatud
- Värske petersell, hakitud
- Kaste: Lemon tahini kaste

JUHISED:
a) Sega suures kausis kokku keedetud kinoa, poolitatud kirsstomatid, roosi kroonlehed, nõrutatud kikerherned ja hakitud petersell.
b) Nirista peale sidrunitahiini kaste ja sega kokku.

27.Röstitud peedi- ja roosisalat

KOOSTISOSAD:
- 3 keskmise suurusega peeti, röstitud ja kuubikuteks lõigatud
- 2 tassi segatud salatirohelist
- 1/4 tassi murendatud fetajuustu
- 1/4 tassi hakitud kreeka pähkleid
- 1/4 tassi kuivatatud jõhvikaid
- 2 spl hakitud värskeid roosi kroonlehti
- 2 spl palsamiäädikat
- 1 spl mett
- Sool ja pipar maitse järgi

JUHISED:
a) Kastme valmistamiseks vispelda väikeses kausis kokku palsamiäädikas, mesi, sool ja pipar.
b) Sega suures segamiskausis röstitud peet, segatud salatiroheline, murendatud fetajuust, hakitud kreeka pähklid, kuivatatud jõhvikad ja hakitud roosi kroonlehed.
c) Nirista kaste salatile ja viska õrnalt katteks.
d) Serveeri kohe.

28.Grillitud virsiku- ja roosisalat

KOOSTISOSAD:
- 2 küpset virsikut poolitatuna ja kivideta
- 4 tassi rukolat
- 1/4 tassi murendatud kitsejuustu
- 2 spl hakitud värsket basiilikulehte
- 2 spl hakitud värskeid roosi kroonlehti
- 2 spl ekstra neitsioliiviõli
- 1 spl palsamiäädikat
- Sool ja pipar maitse järgi

JUHISED:
a) Eelkuumuta grill keskmisele-kõrgele kuumusele.
b) Pintselda iga virsikupooliku lõikepool oliiviõliga ning puista peale soola ja pipart.
c) Grilli virsikuid lõikepool all umbes 3-4 minutit, kuni ilmuvad grilli jäljed ja virsikud on veidi pehmenenud.
d) Eemaldage virsikud grillilt ja laske neil veidi jahtuda.
e) Sega suures segamiskausis rukola, murendatud kitsejuust, tükeldatud basiilikulehed ja hakitud roosi kroonlehed.
f) Kastme valmistamiseks vispelda väikeses kausis kokku ülejäänud oliiviõli, palsamiäädikas, sool ja pipar.
g) Viiluta grillitud virsikud ja lisa salatile.
h) Nirista kaste salatile ja viska õrnalt katteks.
i) Serveeri kohe.

29.Vahemere roosisalat

KOOSTISOSAD:
- 2 tassi keedetud kuskussi
- 1 tass kirsstomateid, poolitatud
- 1/2 tassi viilutatud kurki
- 1/4 tassi viilutatud Kalamata oliive
- 1/4 tassi murendatud fetajuustu
- 2 spl hakitud värsket peterselli
- 2 spl hakitud värskeid piparmündi lehti
- 2 spl hakitud värskeid roosi kroonlehti
- 2 spl sidrunimahla
- 2 spl ekstra neitsioliiviõli
- Sool ja pipar maitse järgi

JUHISED:
a) Sega suures segamiskausis omavahel keedetud kuskuss, kirsstomatid, viilutatud kurk, Kalamata oliivid, murendatud fetajuust, hakitud petersell, hakitud piparmündilehed ja hakitud roosi kroonlehed.
b) Kastme valmistamiseks vispelda väikeses kausis kokku sidrunimahl, oliiviõli, sool ja pipar.
c) Nirista kaste salatile ja viska õrnalt katteks.
d) Serveeri kohe või jahuta kuni serveerimiseks valmis.

30.Röstitud peedi- ja roosisalat

KOOSTISOSAD:
- 3 keskmist peeti, kooritud ja õhukesteks viiludeks
- 4 tassi beebispinatit
- 1/2 tassi kreeka pähkleid, röstitud ja hakitud
- 1/4 tassi murendatud kitsejuustu
- 1/4 tassi õhukeselt viilutatud punast sibulat
- 3 supilusikatäit oliiviõli
- 2 spl palsamiäädikat
- 1 tl Dijoni sinepit
- 1/2 tl roosivett
- Sool ja pipar maitse järgi

JUHISED:
a) Kuumuta ahi temperatuurini 400 °F (200 °C). Aseta viilutatud peedid küpsetuspaberiga kaetud ahjuplaadile. Nirista peale oliiviõli ning maitsesta soola ja pipraga. Rösti 20-25 minutit või kuni pehme.
b) Kastme valmistamiseks vispelda väikeses kausis kokku oliiviõli, palsamiäädikas, Dijoni sinep ja roosivesi.
c) Sega suures kausis röstitud peet, beebispinat, röstitud kreeka pähklid, murendatud kitsejuust ja viilutatud punane sibul.
d) Nirista kaste salatile ja viska õrnalt katteks. Serveeri kohe.

31.Viigimarja- ja roosisalat

KOOSTISOSAD:
- 4 värsket viigimarja, viilutatud
- 4 tassi segatud rohelisi
- 1/4 tassi murendatud sinihallitusjuustu
- 1/4 tassi röstitud sarapuupähkleid, hakitud
- 2 viilu prosciutto, õhukeselt viilutatud
- 3 spl viigimarja palsamiäädikat
- 2 spl ekstra neitsioliiviõli
- 1 spl sidrunimahla
- 1/2 tl roosivett
- Sool ja pipar maitse järgi

JUHISED:
a) Kastme valmistamiseks vispelda väikeses kausis viigimarjapalsamiäädikas, oliiviõli, sidrunimahl ja roosivesi.
b) Segage suures kausis viilutatud viigimarjad, segatud rohelised, purustatud sinihallitusjuust, röstitud sarapuupähklid ja õhukeselt viilutatud prosciutto.
c) Nirista kaste salatile ja viska õrnalt katteks. Maitsesta soola ja pipraga maitse järgi. Serveeri kohe.

32.Tsitrusviljade ja roosi salat

KOOSTISOSAD:

- 2 apelsini, segmenteeritud
- 1 greip, segmenteeritud
- 4 tassi beebikapsast
- 1/4 tassi viilutatud mandleid, röstitud
- 1/4 tassi murendatud fetajuustu
- 1/4 tassi õhukeselt viilutatud punast kapsast
- 3 supilusikatäit apelsinimahla
- 1 spl sidrunimahla
- 2 spl oliiviõli
- 1 spl mett
- 1/2 tl roosivett
- Sool ja pipar maitse järgi

JUHISED:

a) Kastme valmistamiseks vahustage väikeses kausis kokku apelsinimahl, sidrunimahl, oliiviõli, mesi ja roosivesi.

b) Segage suures kausis segmenteeritud apelsinid ja greip, beebikapsas, röstitud mandlid, murendatud fetajuust ja viilutatud punane kapsas.

c) Nirista kaste salatile ja viska õrnalt katteks. Maitsesta soola ja pipraga maitse järgi. Serveeri kohe.

33. Pirni ja roosi salat

KOOSTISOSAD:
- 2 küpset pirni õhukesteks viiludeks
- 4 tassi segatud rohelisi
- 1/4 tassi murendatud gorgonzola juustu
- 1/4 tassi suhkrustatud pekanipähklit
- 1/4 tassi õhukeselt viilutatud punaseid viinamarju
- 3 supilusikatäit pirniga infundeeritud valget palsamiäädikat
- 2 spl ekstra neitsioliiviõli
- 1 spl õunasiidri äädikat
- 1/2 tl roosivett
- Sool ja pipar maitse järgi

JUHISED:
a) Kastme valmistamiseks vispelda väikeses kausis pirniga kaetud valge palsamiäädikas, oliiviõli, õunasiidri äädikas ja roosivesi.
b) Segage suures kausis viilutatud pirnid, segatud rohelised, murendatud gorgonzola juust, suhkrustatud pekanipähklid ja viilutatud punased viinamarjad.
c) Nirista kaste salatile ja viska õrnalt katteks. Maitsesta soola ja pipraga maitse järgi. Serveeri kohe.

HIBISKUSESALATID

34. Hibiscus Quinoa salat

KOOSTISOSAD:
- 1 tass keedetud kinoat
- ½ tassi hibiski teed (tugevalt keedetud ja jahutatud)
- 1 tass kirsstomateid, poolitatud
- ½ tassi kurki, tükeldatud
- ¼ tassi punast sibulat, peeneks hakitud
- ¼ tassi murendatud fetajuustu
- 2 spl hakitud värsket peterselli
- 2 spl sidrunimahla
- 2 spl ekstra neitsioliiviõli
- Sool ja pipar, maitse järgi

JUHISED:
a) Segage suures kausis keedetud kinoa, hibiskitee, kirsstomatid, kurk, punane sibul, murendatud fetajuust ja hakitud värske petersell.
b) Vahusta väikeses kausis sidrunimahl, oliiviõli, sool ja pipar.
c) Vala kaste kinoasalatile ja sega õrnalt läbi.
d) Lase salatil umbes 15 minutit seista, et maitsed seguneksid. Vajadusel reguleeri maitsestamist.
e) Serveerige hibiskiga infundeeritud kinoasalatit värskendava lisandina või lisage grillkana, krevette või kikerherneid, et see oleks täielik eine.

35.Hibiski ja kitsejuustu salat

KOOSTISOSAD:
- 4 tassi segatud salatirohelist
- 1 tass keedetud kinoat
- ½ tassi murendatud kitsejuustu
- ¼ tassi kuivatatud hibiski lilli
- ¼ tassi röstitud seedermänni pähkleid
- 2 spl palsamiäädikat
- 2 spl ekstra neitsioliiviõli
- Sool ja pipar, maitse järgi

JUHISED:
a) Sega suures salatikausis segatud salatirohelised, keedetud kinoa, murendatud kitsejuust, kuivatatud hibiskiõied ja röstitud piiniaseemned.
b) Sega väikeses kausis kokku palsamiäädikas, oliiviõli, sool ja pipar.
c) Nirista kaste salatile ja sega õrnalt läbi.
d) Serveeri hibiskuse ja kitsejuustu salatit kerge ja värskendava lisandina või lisa grillkana või krevette, et sellest saaks terviklik eine.

36.Hibiski tsitrusviljade salat

KOOSTISOSAD:
- 2 tassi segatud rohelisi
- 1 apelsin, segmenteeritud
- 1 greip, segmenteeritud
- 1/4 tassi hibiskiõisi, kuivatatud
- 1/4 tassi viilutatud mandleid, röstitud
- 1/4 tassi murendatud kitsejuustu
- 2 spl apelsinimahla
- 1 spl mett
- 1 spl palsamiäädikat
- 3 spl ekstra neitsioliiviõli
- Sool ja pipar maitse järgi

JUHISED:
a) Kastme valmistamiseks vispelda väikeses kausis apelsinimahl, mesi, palsamiäädikas ja oliiviõli.
b) Segage suures kausis segatud rohelised, apelsinilõigud, greibilõigud, hibiskiõied, röstitud mandlid ja murendatud kitsejuust.
c) Nirista üle kastmega ja viska õrnalt peale. Maitsesta soola ja pipraga maitse järgi. Serveeri kohe.

37.Hibiski avokaado salat

KOOSTISOSAD:
- 2 küpset avokaadot, tükeldatud
- 2 tassi segatud rohelisi
- 1/4 tassi hibiskiõisi, kuivatatud
- 1/4 tassi viilutatud rediseid
- 1/4 tassi murendatud fetajuustu
- 2 spl sidrunimahla
- 1 spl mett
- 3 spl ekstra neitsioliiviõli
- Sool ja pipar maitse järgi

JUHISED:
a) Kastme valmistamiseks vispelda väikeses kausis kokku sidrunimahl, mesi ja oliiviõli.
b) Segage suures kausis tükeldatud avokaadod, segatud rohelised, hibiskiõied, viilutatud redis ja murendatud fetajuust.
c) Nirista üle kastmega ja viska õrnalt peale. Maitsesta soola ja pipraga maitse järgi. Serveeri kohe.

38.Hibiski peedi salat

KOOSTISOSAD:
- 2 keskmist peeti, röstitud, kooritud ja viilutatud
- 4 tassi rukolat
- 1/4 tassi hibiskiõisi, kuivatatud
- 1/4 tassi röstitud kreeka pähkleid, hakitud
- 1/4 tassi murendatud kitsejuustu
- 2 spl palsamiäädikat
- 1 spl mett
- 3 spl ekstra neitsioliiviõli
- Sool ja pipar maitse järgi

JUHISED:
a) Kastme valmistamiseks vispelda väikeses kausis kokku palsamiäädikas, mesi ja oliiviõli.
b) Sega suures kausis röstitud peediviilud, rukola, hibiskiõied, röstitud kreeka pähklid ja murendatud kitsejuust.
c) Nirista üle kastmega ja viska õrnalt peale. Maitsesta soola ja pipraga maitse järgi. Serveeri kohe.

NASTURTIUMSI SALATID

39. Nasturtiumi ja viinamarja salat

KOOSTISOSAD:
- 1 punase salati pea
- 1 tass seemneteta viinamarju
- 8 Nasturtiumi lehte
- 16 Nasturtiumi õit

VIINIGRETT:
- 3 supilusikatäit salatiõli
- 1 spl valge veini äädikat
- 1½ tl Dijoni sinepit
- 1 näputäis musta pipart

JUHISED:
a) Asetage igale neljale taldrikule 5 punase salati lehte, ¼ tassi viinamarju, 2 nasturtiumi lehte ja 4 nasturtiumi õit.
b) Klopi kausis kokku kõik vinegreti komponendid.
c) Nirista kaste võrdselt igale salatile.
d) Serveeri kohe.

40.Kartul ja nasturtiumi salat

KOOSTISOSAD:
- 6 uut kartulit, ühtlase suurusega
- 1 spl meresoola
- 3 tassi Nasturtiumi võrseid, väga õrnad
- Noored lehed ja varred, lõdvalt pakitud
- ½ tassi hakitud tilli hapukurki
- 2 spl marineeritud nasturtiumi pungad või kapparid
- 1 küüslauguküüs, hakitud
- 5 supilusikatäit ekstra neitsioliiviõli
- ¼ tassi punase veini äädikat
- Värskelt jahvatatud must pipar, maitse järgi
- 2 spl Itaalia peterselli, hakitud
- 1 Käsi Nasturtiumi kroonlehed
- 1 terve Nasturtiumi õis ja lehed kaunistuseks

JUHISED:
a) Asetage kartulid pannile ja katke veega umbes 2 tolli ja 1 supilusikatäis meresoola. Katke ja laske keema tõusta.
b) Avage pann ja keetke tugeval tulel umbes 20 minutit või kuni kartulid on pehmed.
c) Nõruta kartulid ja lase jahtuda.
d) Kui kartulid on käsitsemiseks piisavalt jahedad, koorige ja lõigake kuubikuteks.
e) Tõsta kartulid kaussi.
f) Haki nasturtiumi lehed ja õrnad varred ning lisa kaussi koos tilli hapukurgi, nasturtiumi pungade ja küüslauguga.
g) Lisa maitse järgi oliiviõli, äädikat, soola ja pipart.
h) Viska õrnalt, vältides kartulite purustamist.
i) Tõsta kartulisalat vanaaegsele serveerimistaldrikule ja puista peale hakitud peterselli.
j) Lõika kroonlehed ribadeks ja puista salatile. Kaunista tervete õite ja lehtedega.

41.Nasturtiumi krevettide eelroa salat

KOOSTISOSAD:
- 2 tl Värske sidrunimahl
- ¼ tassi oliivõli
- Sool ja pipar
- 1 tass keedetud krevette, hakitud
- 2 supilusikatäit hakitud sibulat
- 1 tomat, kuubikuteks
- 1 avokaado, kuubikuteks
- Salati lehed
- 2 spl hakitud nasturtiumi lehti
- Nasturtiumi lilled

JUHISED:
a) Klopi kokku sidrunimahl ja õli. Maitsesta soola ja pipraga.
b) Lisa sibul ja krevetid ning sega läbi. Lase seista 15 minutit.
c) Lisa tomat, avokaado ja hakitud nasturtiumilehed.
d) Küngas salatilehtedele ja ümbritseb värskete tervete nasturtiumiõitega.

42. Nasturtiumi ja maasikasalat

KOOSTISOSAD:
- 2 tassi nasturtiumi lehti ja õisi, pestud ja kuivatatud
- 1 tass värskeid maasikaid, viilutatud
- 1/4 tassi murendatud fetajuustu
- 1/4 tassi viilutatud mandleid, röstitud
- 2 spl palsamiäädikat
- 1 spl mett
- 3 spl ekstra neitsioliiviõli
- Sool ja pipar maitse järgi

JUHISED:
a) Kastme valmistamiseks vispelda väikeses kausis kokku palsamiäädikas, mesi ja oliiviõli.
b) Sega suures kausis nasturtiumi lehed ja õied, viilutatud maasikad, murendatud fetajuust ja röstitud mandlid.
c) Nirista üle kastmega ja viska õrnalt peale. Maitsesta soola ja pipraga maitse järgi. Serveeri kohe.

43. Nasturtiumi ja avokaado salat

KOOSTISOSAD:
- 2 tassi nasturtiumi lehti ja õisi, pestud ja kuivatatud
- 2 küpset avokaadot, tükeldatud
- 1/4 tassi kirsstomateid, poolitatud
- 1/4 tassi viilutatud kurki
- 1/4 tassi murendatud kitsejuustu
- 2 spl sidrunimahla
- 1 spl mett
- 3 spl ekstra neitsioliiviõli
- Sool ja pipar maitse järgi

JUHISED:
a) Kastme valmistamiseks vispelda väikeses kausis kokku sidrunimahl, mesi ja oliiviõli.
b) Sega suures kausis nasturtiumi lehed ja õied, kuubikuteks lõigatud avokaadod, kirsstomatid, viilutatud kurk ja murendatud kitsejuust.
c) Nirista üle kastmega ja viska õrnalt peale. Maitsesta soola ja pipraga maitse järgi. Serveeri kohe.

44. Nasturtsiumi ja peedi salat

KOOSTISOSAD:
- 2 tassi nasturtiumi lehti ja õisi, pestud ja kuivatatud
- 2 keskmist peeti, röstitud, kooritud ja viilutatud
- 4 tassi beebispinatit
- 1/4 tassi murendatud sinihallitusjuustu
- 1/4 tassi hakitud kreeka pähkleid, röstitud
- 2 spl palsamiäädikat
- 1 spl mett
- 3 spl ekstra neitsioliiviõli
- Sool ja pipar maitse järgi

JUHISED:
a) Kastme valmistamiseks vispelda väikeses kausis kokku palsamiäädikas, mesi ja oliiviõli.
b) Sega suures kausis nasturtiumi lehed ja õied, röstitud peediviilud, beebispinat, murendatud sinihallitusjuust ja hakitud kreeka pähklid.
c) Nirista üle kastmega ja viska õrnalt peale. Maitsesta soola ja pipraga maitse järgi. Serveeri kohe.

45.Nasturtiumi ja kana salat

KOOSTISOSAD:
- 2 tassi nasturtiumi lehti ja õisi, pestud ja kuivatatud
- 2 kondita, nahata kanarinda, keedetud ja tükeldatud
- 4 tassi segatud rohelisi
- 1/4 tassi viilutatud mandleid, röstitud
- 1/4 tassi kuivatatud jõhvikaid
- 2 spl õunasiidri äädikat
- 1 spl mett
- 3 spl ekstra neitsioliiviõli
- Sool ja pipar maitse järgi

JUHISED:
a) Kastme valmistamiseks segage väikeses kausis õunasiidri äädikas, mesi ja oliiviõli.
b) Sega suures kausis nasturtiumi lehed ja õied, tükeldatud kanarind, segatud rohelised, viilutatud mandlid ja kuivatatud jõhvikad.
c) Nirista üle kastmega ja viska õrnalt peale. Maitsesta soola ja pipraga maitse järgi. Serveeri kohe.

VÕILILISALATID

46. Võilille ja chorizo salat

KOOSTISOSAD:
- Salatikauss noortest võilillelehtedest
- 2 viilu Leib, viilutatud
- 4 supilusikatäit oliiviõli
- 150 grammi paksult viilutatud Chorizot
- 2 küüslauguküünt, hakitud
- 1 spl punase veini äädikat
- Sool ja pipar

JUHISED:
a) Korja võilillelehed peale, loputa ja kuivata puhta köögirätikuga. Kuhjake serveerimiskaussi.
b) Lõika leivale koorikud ja lõika kuubikuteks. Kuumuta pannil pool oliiviõlist.
c) Prae krutoone mõõdukal kuumusel sageli keerates, kuni need on üsna ühtlaselt pruunid.
d) Nõruta köögipaberil. Pühkige pann välja ja lisage ülejäänud õli. Prae chorizo või lardons kõrgel kuumusel pruuniks.
e) Lisa küüslauk ja prae veel mõni sekund, seejärel eemalda kuumus. Eemalda chorizo lusikaga ja puista salatile.
f) Lase pannil minut jahtuda, sega juurde äädikas ja vala kõik salatile.
g) Puista krutoonidele, maitsesta soola ja pipraga, sega läbi ja serveeri.

47. Võilillesalat Açaí marjakastmega

KOOSTISOSAD:
AÇAÍ MARJAKASTE
- 100-grammine pakk magustamata Açaí'd, toatemperatuuril
- ¼ tassi kookosõli
- ¼ tassi õunasiidri äädikat
- 2 supilusikatäit mett
- 1 supilusikatäis chia seemneid
- 1 tl meresoola

SALAT
- 2 tassi õhukeselt viilutatud lehtkapsast
- 2 tassi õhukeselt viilutatud napakapsast
- 1 tass õhukeselt viilutatud võilillerohelist
- 1 tass õhukeselt viilutatud punast kapsast
- ½ tassi õhukeselt viilutatud basiilikut
- ½ tassi hakitud peeti
- ½ tassi hakitud porgandit
- ½ tassi röstitud kõrvitsaseemneid
- Päevalille võrsed

JUHISED:

a) Açaí marjakaste valmistamine: Blenderda kõik koostisained köögikombainis või blenderis ühtlaseks massiks.

b) Asetage lehtkapsas suurde kaussi. Nirista paar supilusikatäit lehtkapsale ja masseeri katteks. Lisa kaussi kõik muud köögiviljad ja nirista peale oma maitse järgi lisakastet.

c) Puista peale kõrvitsaseemneid ja idandeid ning viska kokku. Nautige toitumist!

48. Võilille ja chorizo salat

KOOSTISOSAD:
- Salatikauss noortest võilillelehtedest
- 2 viilu Leib, viilutatud
- 4 supilusikatäit oliiviõli
- 150 grammi paksult viilutatud Chorizot
- 2 küüslauguküünt, hakitud
- 1 spl punase veini äädikat
- Sool ja pipar

JUHISED:
a) Korja võilillelehed peale, loputa ja kuivata puhta köögirätikuga. Kuhjake serveerimiskaussi.
b) Lõika leivale koorikud ja lõika kuubikuteks. Kuumuta pannil pool oliiviõlist.
c) Prae krutoone mõõdukal kuumusel sageli keerates, kuni need on üsna ühtlaselt pruunid.
d) Nõruta köögipaberil. Pühkige pann välja ja lisage ülejäänud õli. Prae chorizo või lardons kõrgel kuumusel pruuniks.
e) Lisa küüslauk ja prae veel mõni sekund, seejärel eemalda kuumus. Eemalda chorizo lusikaga ja puista salatile.
f) Lase pannil minut jahtuda, sega juurde äädikas ja vala kõik salatile.
g) Puista krutoonidele, maitsesta soola ja pipraga, sega läbi ja serveeri.

49. Võilille salat

KOOSTISOSAD:
- 4 tassi värsket võilillerohelist
- 1 tass kirsstomateid, poolitatud
- 1/2 tassi fetajuustu, purustatud
- 1/4 tassi balsamico vinegretti
- Sool ja pipar maitse järgi

JUHISED:
a) Pese ja kuivata võilillerohelised.
b) Viska peale võilillerohelised, kirsstomatid ja fetajuust.
c) Nirista peale balsamico vinegretti. Maitsesta soola ja pipraga.

50. Röstitud Pattypan squash salat

KOOSTISOSAD:
PESTO
- 1-unts võilillerohelised, kärbitud ja hammustusesuurusteks tükkideks rebitud
- 3 spl röstitud päevalilleseemneid
- 3 spl vett
- 1 spl vahtrasiirup
- 1 spl siidri äädikat
- 1 küüslauguküüs, hakitud
- ¼ tl lauasoola
- ⅛ teelusikatäis punase pipra helbeid
- ¼ tassi ekstra neitsioliiviõli

SALAT
- 2 spl ekstra neitsioliiviõli
- 2 tl vahtrasiirupit
- ½ tl lauasoola
- ⅛ teelusikatäis pipart
- 1½ naela kõrvitsat, poolitatud horisontaalselt
- 4 maisitõlvikut, tõlvikust lõigatud tuumad
- 1 nael küpseid tomateid, südamikud, lõigatud ½ tolli paksusteks viiludeks ja viilud risti pooleks lõigatud
- 1 unts võilillerohelist, kärbitud ja hammustussuurusteks tükkideks rebitud (1 tass)
- 2 spl röstitud päevalilleseemneid

JUHISED:
PESTO KOHTA:
a) Seadke ahjurest madalaimasse asendisse, asetage ääristatud küpsetusplaat restile ja soojendage ahi 500 kraadini.
b) Töötle võilillerohelised, päevalilleseemned, vesi, vahtrasiirup, äädikas, küüslauk, sool ja piprahelbed köögikombainis peeneks jahvatamiseks, umbes 1 minut, kraapides vajadusel kausi külgi alla.
c) Kui protsessor töötab, niristage aeglaselt õli, kuni see on sisse lülitatud.

SALATI JAOKS:
d) Vahusta õli, vahtrasiirup, sool ja pipar suures kausis. Lisa squash ja mais ning viska kattele. Kiiresti töötades laota köögiviljad ühe kihina kuumale lehele, asetades kõrvitsa lõikepoolega allapoole.
e) Rösti, kuni kõrvitsa lõikepool on pruunistunud ja pehme, 15–18 minutit. Tõsta pann restile ja lase umbes 15 minutit veidi jahtuda.
f) Sega suures kausis röstitud squash ja mais, pool pestost, tomatid ja võilillerohelised ning sega õrnalt segamini.
g) Nirista peale ülejäänud pesto ja puista peale päevalilleseemneid. Serveeri.

51.Tomati, kõrvitsa ja võilille salatipurk

KOOSTISOSAD:
- 1/2 tassi keedetud, kuubikuteks lõigatud kõrvitsat
- 1/2 tassi tomateid
- 1/2 tassi viilutatud kurki
- 1/2 tassi võilillelehti

RIIDEMINE:
- 1 spl. oliiviõli ja 1 spl. Chlorellast
- 1 spl. värske sidrunimahl ja näputäis meresoola

JUHISED:
a) Pane koostisained sellisesse järjekorda: kaste, tomatid, kurgid, kõrvitsa- ja võilillelehed.

52.Kikerherne, tomati ja paprika salat purgis

KOOSTISOSAD:
- 3/4 tassi kikerherneid
- 1/2 tassi tomateid ja 1/2 tassi võilillelehti
- 1/2 tassi viilutatud kurki
- 1/2 tassi kollast pipart

RIIDEMINE:
- 1 spl. oliiviõli ja 2 spl. Kreeka jogurt
- 1 spl. värske sidrunimahl ja näputäis meresoola

JUHISED:
a) Pane koostisained sellisesse järjekorda: kaste, kurk, tomat, kikerherned, paprika ja võilillelehed.

53. Peedirohelise, porgandi, peedi ja kirsstomatite salat

KOOSTISOSAD:
- 1 tass pakitud peedirohelist
- 1/2 tassi viilutatud porgandit
- 1 tass kirsstomateid
- 1 tass viilutatud peet
- 1/2 tassi võilillelehti

RIIDEMINE:
- 1 spl. oliiviõli või avokaadoõli
- 1 spl. värske sidrunimahl
- näputäis musta pipart
- näputäis meresoola ja üks hakitud küüslauguküüs (valikuline)

JUHISED:
a) Sega kõik koostisained.

54.Tomat, kana, kurk, võilillesalat purgis

KOOSTISOSAD:
- 1/2 tassi grillkana
- 1/2 tassi tomateid
- 1/2 tassi viilutatud kurki
- 1/2 tassi võilillelehti

RIIDEMINE:
- 1 spl. oliiviõli ja 2 spl. Kreeka jogurt
- 1 spl. värske sidrunimahl ja näputäis meresoola

JUHISED:
a) Pane koostisained sellisesse järjekorda: kaste, kana, tomat, kurgid ja võilill.

55. Kuskussi, kana ja võilille salat

KOOSTISOSAD:
SALATIKS
- 4 kondita nahata kanarinda
- 7 untsi kotikapsast
- ½ naela rebitud võilillerohelist
- paar õhukest viilu punast sibulat
- 1/2 magusat punast paprikat, viilutatud ribadeks
- 1 1/2 tassi pooleks viilutatud viinamarjatomateid
- 1 porgand, viilutatud ribadeks
- 1 Veriapelsin, poolitatud ja veidi grillitud

MARINAADI JAOKS:
- 2 spl värskelt pressitud sidrunimahla
- 1 tl kuivatatud pune
- 1 tl küüslauku, purustatud
- koššersool maitse järgi
- värskelt jahvatatud musta pipart maitse järgi

VALGE BALSAMIKOVIINIGRETTI KOHTA:
- 1/4 tassi basiiliku lehti
- 3 spl valget palsamiäädikat
- 2 spl hakitud šalottsibulat
- 1 spl vett
- 2 spl ekstra neitsioliiviõli
- näputäis soola ja värskelt jahvatatud musta pipart

JUHISED:
a) Sega marinaadi ained – sidrunimahl, pune, küüslaugupüree, sool ja must pipar ning vala kanale, lase marineerida.
b) Aseta kõik vinegreti koostisosad blenderisse ja blenderda ühtlaseks massiks. Kõrvale panema.
c) Grilli kana mõlemalt poolt, kuni see on hästi pruunistunud.
d) Laota köögiviljad kihiti ja tõsta peale kana ja nirista peale balsamico kaste.

56. Võilillepasta salat

KOOSTISOSAD:
- 3 tassi keedetud pastat
- 2 spl äädikat
- 1½ tassi kuubikuteks lõigatud tomateid, nõrutatud
- 1 spl oliiviõli
- 1 tass võilillerohelist, eelküpsetatud
- 8 oliivi, viilutatud
- 2 metsik porrulauk, hakitud, roheline ja allor 2 spl hakitud sibulat
- ½ tl soola

JUHISED:
a) Kombineeri ja naudi!

57. Närbunud võilillerohelised peekoniga

KOOSTISOSAD:
- 1 spl terve sinepiseemne
- 2 tl selitatud võid või gheed
- 4 untsi karjamaal kasvatatud peekonit, tükeldatud
- 1 väike šalottsibul, hakitud
- 1 nael noort võilillerohelist
- 2 tl punase veini äädikat

JUHISED:
a) Asetage malmist või roostevabast terasest pann kõrgele kuumusele. Lisage terved sinepiseemned pannile ja röstige neid õrnalt, kuni need vabastavad oma lõhna, umbes kaks minutit. Tõsta röstitud sinepiseemned kaussi või nõusse jahtuma.
b) Alanda kuumust keskmisele tasemele. Lisage pannile üks teelusikatäis selitatud võid või ghee-d ja laske sellel sulada, kuni see hakkab vahutama. Lisa pannile tükeldatud peekon ja prae, kuni see muutub krõbedaks ja rasv sulab. Tõsta krõbe peekon koos röstitud sinepiseemnetega nõusse.
c) Lisa ülejäänud peekonirasvaga samale pannile tükeldatud šalottsibul. Prae šalottsibulat, kuni see muutub lõhnavaks ja pehmeks, umbes kolm minutit.
d) Sega võilillerohelised pannile koos pehmendatud šalottsibula ja peekonirasvaga. Lülitage kuumus kohe välja, kuna rohelised närbuvad panni jääksoojuses.
e) Valage punase veini äädikas närbunud võilillerohelistele ja jätkake segamist, kuni rohelised on teie maitse järgi närbunud.
f) Tõsta närbunud võilillerohelised serveerimisnõusse. Puista peale röstitud sinepiseemned ja krõbe peekon.
g) Serveeri närtsinud võilillerohelist kohe maitsva lisandina või kerge einena.

PRIMROOSSALATID

58.Suvine salat tofu ja priimulaga

KOOSTISOSAD:
SUVESALATIKS:
- 2 pead võisalatit
- 1 nael lambasalatit
- 2 kuldset kiivit kasutage rohelist, kui kuldset pole saadaval
- 1 peotäis õhtune priimula
- 1 peotäis kreeka pähkleid
- 2 tl päevalilleseemneid valikuline
- 1 sidrun

TOFU FETA KOHTA:
- 1 plokk tofut kasutasin eriti tugevat
- 2 spl õunasiidri äädikat
- 2 spl värsket sidrunimahla
- 2 spl küüslaugupulbrit
- 2 spl sibulapulbrit
- 1 tl tilli värskelt või kuivatatult
- 1 näputäis soola

JUHISED:
a) Lõika eriti tihke tofu kausis kuubikuteks, lisa kõik ülejäänud ained ja püreesta kahvliga.
b) Pane suletud anumasse ja hoia paar tundi külmkapis.
c) Serveerimiseks asetage suuremad lehed oma suure kausi põhja: võisalat ja lambasalat peal.
d) Viiluta kiivid ja aseta salatilehtede peale.
e) Puista kaussi veidi kreeka pähkleid ja päevalilleseemneid.
f) Valige ja hoolikalt oma söödavad lilled. Asetage need õrnalt salati ümber.
g) Võta tofufeta külmkapist välja, sel hetkel peaks saama selle sisse lõigata/murendada. Pange ümberringi mõned suured tükid.
h) Valage poole sidruni mahl üle ja tooge teine pool lauale, et lisada.

59.Priimula ja tsitrusviljade salat

KOOSTISOSAD:
- 2 tassi priimulaõisi, pestud ja kuivatatud
- 2 apelsini, segmenteeritud
- 1 greip, segmenteeritud
- 4 tassi segatud rohelisi
- 1/4 tassi viilutatud mandleid, röstitud
- 1/4 tassi murendatud fetajuustu
- 2 spl sidrunimahla
- 1 spl mett
- 3 spl ekstra neitsioliiviõli
- Sool ja pipar maitse järgi

JUHISED:
a) Kastme valmistamiseks vispelda väikeses kausis kokku sidrunimahl, mesi ja oliiviõli.
b) Segage suures kausis priimulaõied, apelsinilõigud, greibilõigud, segatud rohelised, viilutatud mandlid ja murendatud fetajuust.
c) Nirista üle kastmega ja viska õrnalt peale. Maitsesta soola ja pipraga maitse järgi. Serveeri kohe.

60.Priimula ja maasikasalat

KOOSTISOSAD:
- 2 tassi priimulaõisi, pestud ja kuivatatud
- 2 tassi värskeid maasikaid, viilutatud
- 4 tassi beebispinatit
- 1/4 tassi viilutatud punast sibulat
- 1/4 tassi murendatud kitsejuustu
- 1/4 tassi hakitud kreeka pähkleid, röstitud
- 2 spl palsamiäädikat
- 1 spl mett
- 3 spl ekstra neitsioliiviõli
- Sool ja pipar maitse järgi

JUHISED:
a) Kastme valmistamiseks vispelda väikeses kausis kokku palsamiäädikas, mesi ja oliiviõli.
b) Sega suures kausis priimulaõied, viilutatud maasikad, beebispinat, viilutatud punane sibul, murendatud kitsejuust ja hakitud kreeka pähklid.
c) Nirista üle kastmega ja viska õrnalt peale. Maitsesta soola ja pipraga maitse järgi. Serveeri kohe.

61.Priimula ja kinoa salat

KOOSTISOSAD:
- 2 tassi priimulaõisi, pestud ja kuivatatud
- 2 tassi keedetud kinoat, jahutatud
- 1/2 tassi kuubikuteks lõigatud kurki
- 1/2 tassi kuubikuteks lõigatud punast paprikat
- 1/4 tassi hakitud värsket peterselli
- 1/4 tassi murendatud fetajuustu
- 2 spl sidrunimahla
- 1 spl mett
- 3 spl ekstra neitsioliiviõli
- Sool ja pipar maitse järgi

JUHISED:
a) Kastme valmistamiseks vispelda väikeses kausis kokku sidrunimahl, mesi ja oliiviõli.
b) Sega suures kausis priimulaõied, keedetud kinoa, kuubikuteks lõigatud kurk, kuubikuteks lõigatud punane paprika, hakitud petersell ja murendatud fetajuust.
c) Nirista üle kastmega ja viska õrnalt peale. Maitsesta soola ja pipraga maitse järgi. Serveeri jahutatult või toatemperatuuril.

62. Priimula ja kana salat

KOOSTISOSAD:
- 2 tassi priimulaõisi, pestud ja kuivatatud
- 2 kondita, nahata kanarinda, keedetud ja tükeldatud
- 4 tassi segatud rohelisi
- 1/4 tassi kuivatatud jõhvikaid
- 1/4 tassi viilutatud mandleid, röstitud
- 1/4 tassi murendatud sinihallitusjuustu
- 2 spl õunasiidri äädikat
- 1 spl mett
- 3 spl ekstra neitsioliiviõli
- Sool ja pipar maitse järgi

JUHISED:
a) Kastme valmistamiseks segage väikeses kausis õunasiidri äädikas, mesi ja oliiviõli.
b) Sega suures kausis priimulaõied, kuubikuteks lõigatud kanarinnad, segatud rohelised, kuivatatud jõhvikad, viilutatud mandlid ja murendatud sinihallitusjuust.
c) Nirista üle kastmega ja viska õrnalt peale. Maitsesta soola ja pipraga maitse järgi. Serveeri kohe.

KURURURGI SALATID

63. Kurgirohi ja kurgid hapukoores

KOOSTISOSAD:
- 3 pikka kurki
- soola
- ½ pinti hapukoort
- 2 supilusikatäit riisiäädikat
- ½ tl selleriseemneid
- ¼ tassi hakitud talisibul
- 1 tl Suhkur
- Sool ja pipar
- ¼ tassi noori kurgirohu lehti, peeneks hakitud

JUHISED:
a) Pese kurgid, südamik ja viiluta õhukeselt.
b) Soola kergelt ja lase kurnis 30 minutit nõrguda. Loputage ja kuivatage.
c) Sega ülejäänud koostisosad, maitsesta soola ja pipraga.
d) Lisa kurgid ja sega kergelt läbi.
e) Kaunista kurgirohuõite või murulauguõitega.

64.Kurgirohu ja maasikasalat

KOOSTISOSAD:
- Värsked kurgirohu lehed
- Värsked maasikad, viilutatud
- Beebi spinati lehed
- Kitsejuust, murendatud
- Röstitud mandlid, hakitud
- Balsamico glasuur

JUHISED:
a) Pese ja kuivata kurgirohu lehed ja beebispinati lehed.
b) Sega salatikausis kurgirohu lehed, beebispinat, viilutatud maasikad, murendatud kitsejuust ja hakitud röstitud mandlid.
c) Vahetult enne serveerimist nirista peale balsamico glasuur ja sega õrnalt läbi.
d) Nautige seda veetlevat maitsete ja tekstuuride segu!

65.Kurgirohu ja avokaado salat

KOOSTISOSAD:
- Värsked kurgirohu lehed
- Küps avokaado, tükeldatud
- Segatud salatiroheline
- Punane paprika, õhukeselt viilutatud
- Punane sibul, õhukeselt viilutatud
- Sidrunivinegreti kaste
- Röstitud piiniaseemned

JUHISED:
a) Pese ja kuivata kurgirohu lehed ja segatud salatirohelised.
b) Segage suures salatikausis kurgirohu lehed, segatud rohelised, kuubikuteks lõigatud avokaado, viilutatud punane paprika ja viilutatud punane sibul.
c) Nirista peale sidrunivinegretikastmega ja viska õrnalt katteks.
d) Puista röstitud piiniaseemnetega vahetult enne serveerimist, et lisada krõmpsu ja maitset.

66.Kurgirohi ja tsitruseliste salat

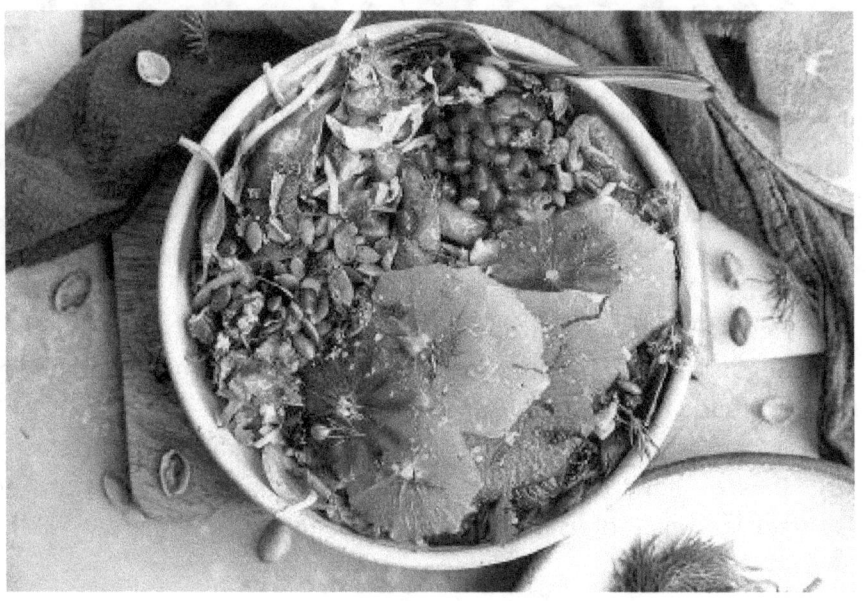

KOOSTISOSAD:
- Värsked kurgirohu lehed
- Oranžid segmendid
- Greibi segmendid
- Beebikapsa lehed
- Granaatõuna arilid
- Röstitud kreeka pähklid, hakitud
- Tsitrusviljade vinegrettkaste

JUHISED:
a) Pese ja kuivata kurgirohu lehed ja beebikapsa lehed.
b) Sega salatikausis kurgirohu lehed, beebikapsas, apelsinilõigud, greibilõigud ja granaatõunaarilid.
c) Nirista tsitruseliste vinegretikastmega ja viska õrnalt katteks.
d) Puista hakitud röstitud kreeka pähklitega vahetult enne serveerimist, et lisada tekstuuri ja pähklisust.

67.Kuskussi ja kurgirohu ürdisalat

KOOSTISOSAD:
- 1 tass kuskussi, kuivatatud
- 1 tassi keeva veega
- Pigista sidrunimahla
- 1 spl oliiviõli või kookosõli
- 5 hakitud spinatilehte (eelistatavalt "Bright Lights" tüüpi)
- Peotäis raketti, purustatud
- 1 hunnik talisibulat (või punast sibulat), peeneks hakitud
- Peotäis kurgirohu lehti, peeneks hakitud
- ¼ tassi röstitud seesamiseemneid
- Näputäis koriandripulbrit
- Sool ja pipar maitse järgi
- 2 spl oliiviõli
- 1 terve sidruni mahl (lisage veidi riivitud koort, et saada lisapunni)

JUHISED:

a) Lisa kaussi kuiv kuskuss, keev vesi, pigista sidrunimahl ja 1 spl oliiviõli või kookosõli. Kata kauss taldrikuga ja lase umbes 15 minutit tõmmata. Kui kuskuss on leotatud, aja see kahvliga kohevaks ja lase jahtuda.

b) Pärast kuskussi jahtumist lisage hakitud spinatilehed, rukol, peeneks hakitud talisibul (või punane sibul), peeneks hakitud kurgirohulehed, röstitud seesamiseemned, koriandripulber, sool ja pipar.

c) Nirista salatile 2 spl oliiviõli ja pigista 1 terve sidruni mahl. Soovi korral lisage veidi riivitud sidrunikoort täiendava maitse saamiseks.

d) Sega kõik korralikult läbi ja lase maitsetel umbes tund aega kokku sulada.

e) Serveerige salatit kana- või kalaroogade põhjana või nautige seda koos avokaado, artišoki ja fetaga taimetoiduks.

f) Visuaalselt ahvatleva esitluse saamiseks kaunista kurgirohuõite ja kollaste oksaaliõitega või teie valitud söödavate lilledega.

g) Seda kerget, kuid südamlikku salatit säilib külmikus paar päeva, mistõttu on see mugav ja mitmekülgne roog.

68.Pasta Ricotta, kurgirohu ja roheliste ubadega

KOOSTISOSAD:
- 1 nael / 500 g. kurgirohi
- 8 untsi / 250 g. ricotta
- 7 untsi / 200 g. lühikesed pastatooted, näiteks penne
- 7 untsi/200 g. rohelised oad
- 3⅓ spl./50 g. piim
- 3⅓ spl. 50 g. ketendava koorega mandlid
- 4 vaarikat
- tüümian
- Kurgirohu lilled
- Ekstra neitsioliiviõli
- soola
- Pipar

JUHISED:
a) Pese kurgirohi põhjalikult, eraldades varred lehtedest. Aja potis vesi keema ja lisa sool. Keeda kurgirohulehti keevas vees 5 minutit. Seejärel nõruta ja tõsta kõrvale.
b) Lõika kurgirohuvarred pastaga samasuurteks tükkideks.
c) Peske rohelised oad, lõigake otsad ja lõigake need 2-tollisteks tükkideks. Keeda rohelisi ube 5 minutit samas vees, mida kasutati kurgirohu lehtede jaoks. Nõruta ja lase neil jahtuda.
d) Sega ricotta segistis keedetud kurgirohu lehtede, 2 spl hakitud tüümiani, piima ja näpuotsatäie soolaga. Ricotta kreemi valmistamiseks blenderda ühtlaseks massiks.
e) Aja teine pott vett keema, lisa sool ja keeda pasta koos kurgirohuvartega al dente'ks. Kurna pasta.
f) Sega suures segamiskausis nõrutatud pasta keedetud roheliste ubadega. Maitsesta oliiviõli, soola ja pipraga maitse järgi.
g) Määri ricotta kreem serveerimistaldrikutele. Lisa peale pasta ja roheliste ubade segu.
h) Kaunista roog hakitud vaarikate, mandlite ja kurgirohuõitega.
i) Serveerige ja nautige seda veetlevat pastarooga, kus ricotta, kurgirohu ja roheliste ubade maitsed on kaunilt koos.

KRISANTEEMIDE SALATID

69.Punane kapsas krüsanteemiga s

KOOSTISOSAD:
- 1 punane kapsas, südamikuga ja õhukeselt
- ¼ tassi võid
- 1 rõngasteks viilutatud sibul
- 2 suurt õuna, kooritud, puhastatud südamikust, õhukesteks viiludeks
- 2 supilusikatäit kollaseid krüsanteemi kroonlehti
- 2 spl pruuni suhkrut
- Külm vesi
- 4 spl punase veini äädikat
- Meresool
- Pipar
- Või
- Krüsanteemi värsked kroonlehed

JUHISED:
a) Blanšeerige punast kapsast 1 minut keevas vees.
b) Nõruta, värskenda ja tõsta kõrvale. Kuumuta pannil või, pane sibularõngad sisse ja higista 4 minutit, kuni see on pehme.
c) Sega hulka õunaviilud ja küpseta veel 1 minut.
d) Pane kapsas tihedalt suletava kaanega sügavasse leegikindlasse kastrulisse.
e) Segage sibul, õunad ja krüsanteemid kroonlehed ning keerake kõik koostisosad nii, et need oleksid hästi kaetud võiga.
f) Puista peale suhkur ning vala vesi ja äädikas. Maitsesta kergelt.
g) Küpseta madalal kuumusel või ahjus 325F/170/gaas 3 1½–2 tundi, kuni kapsas on pehme.
h) Vahetult enne serveerimist lisage korralik nupp võid ja mõned värsked krüsanteemi kroonlehed.

70.Krüsanteemi ja mandariini salat

KOOSTISOSAD:
- 2 tassi krüsanteemi kroonlehti, pestud ja kuivatatud
- 2 mandariini, kooritud ja segmenteeritud
- 1/4 tassi viilutatud mandleid, röstitud
- 1/4 tassi murendatud fetajuustu
- 2 spl palsamiäädikat
- 1 spl mett
- Sool ja pipar maitse järgi

JUHISED:
a) Segage suures kausis krüsanteemi kroonlehed, mandariiniapelsini lõigud, röstitud viilutatud mandlid ja murendatud fetajuust.
b) Kastme valmistamiseks vispelda väikeses kausis kokku palsamiäädikas, mesi, sool ja pipar.
c) Nirista kaste salatile ja viska õrnalt katteks.
d) Serveeri kohe värskendava ja värvilise salatina.

71.Krüsanteemi ja kinoa salat

KOOSTISOSAD:

- 2 tassi krüsanteemi kroonlehti, pestud ja kuivatatud
- 1 tass keedetud kinoat, jahutatud
- 1/2 kurki, tükeldatud
- 1/2 punast paprikat, tükeldatud
- 1/4 tassi murendatud kitsejuustu
- 2 spl hakitud värsket piparmünti
- 1 sidruni mahl
- 2 spl oliiviõli
- Sool ja pipar maitse järgi

JUHISED:

a) Segage suures kausis krüsanteemi kroonlehed, keedetud kinoa, tükeldatud kurk, kuubikuteks lõigatud punane paprika, murendatud kitsejuust ja hakitud värske piparmünt.
b) Kastme valmistamiseks vispelda väikeses kausis kokku sidrunimahl, oliiviõli, sool ja pipar.
c) Nirista kaste salatile ja sega õrnalt läbi.
d) Serveeri jahutatult või toatemperatuuril toitva ja maitsva salativalikuna.

72.Krüsanteemi ja kana salat

KOOSTISOSAD:
- 2 tassi krüsanteemi kroonlehti, pestud ja kuivatatud
- 1 tass keedetud kanarind, tükeldatud
- 1/2 tassi kirsstomateid, poolitatud
- 1/4 tassi viilutatud punast sibulat
- 1/4 tassi murendatud sinihallitusjuustu
- 2 spl hakitud värsket peterselli
- 2 spl balsamico glasuuri
- Sool ja pipar maitse järgi

JUHISED:
a) Sega suures kausis kokku krüsanteemi kroonlehed, rebitud kanarind, poolitatud kirsstomatid, viilutatud punane sibul, murendatud sinihallitusjuust ja hakitud värske petersell.
b) Nirista salatile balsamicoglasuuri ja viska õrnalt katteks.
c) Maitsesta soola ja pipraga maitse järgi.
d) Serveeri kohe valgurikka salativalikuna.

VIIOLAD JA PANSISALATID

73.Spargli Pansy salat

KOOSTISOSAD:
SPARAGISALAT
- 1 hunnik sparglit
- 5 redist õhukeselt viilutatud
- 3 rohelist sibulat, ainult viilutatud rohelised pealsed
- sidrunikoor ühest sidrunist

SIDRUNIVIINIGRETT
- ¼ tassi sidrunimahla
- 2 spl kerget oliiviõli
- 2 tl suhkrut
- soola ja pipart maitse järgi

GARNIS
- Sidruni viilud
- Orgaanilised kollased pansikad

JUHISED:
a) Spargli aurutamiseks alustage vee keetmist.
b) Valmistage ette kauss jäävett, et pärast valmimist spargel šokeerida.
c) Aurutage sparglit 5 minutit või kuni see on pehme, kuid siiski krõbe.
d) Löö spargel jäävees ja lõika seejärel 2-tollisteks tükkideks.

SIDRUNIVIINIGRETT
e) Sega sidrunimahl ja suhkur ning lase seista, kuni suhkur lahustub.
f) Lisa õli ja maitsesta maitse järgi soola ja pipraga.

SPARAGISALAT
g) Kui teil on aega, marineerige sparglit kastmes 30 minutit.
h) Lisa redis ja talisibul ning viska läbi.
i) Kaunista sidruniviilude ja värskete pannidega ning serveeri kohe.

74.Pansy rukola salat

KOOSTISOSAD:
- 6 tassi beebi rukolat
- 1 õun, väga õhukesteks viiludeks
- 1 porgand
- ¼ punast sibulat, väga õhukesteks viiludeks
- peotäis erinevaid värskeid ürte, nagu basiilik, pune, tüümian, ainult lehed
- 2 untsi kreemjat kitsejuustu, vegani jaoks kasutage purustatud pistaatsiapähkel
- Pannosed, vars eemaldatud

VIINIGRETT
- ¼ tassi vereapelsini
- 3 supilusikatäit oliiviõli
- 3 spl šampanjaäädikat
- näputäis soola

JUHISED:
a) Klopi vinegrett kokku, kohandades mis tahes koostisaineid oma maitse järgi.
b) Kuhjake rohelised laia salatikaussi.
c) Koori ja raseeri porgand köögiviljakoorijaga õhukesteks ribadeks.
d) Lisage rohelistele koos õunaviilude, sibula ja ürtidega.
e) Vala üle kastmega ja kaunista salat kitsejuustupuru ja panniga.
f) Serveeri kohe.

75.Viola ja segarohelise salat

KOOSTISOSAD:
- 4 tassi segatud salatirohelist (nagu spinat, rukola ja salat)
- 1/2 tassi vioolaõisi, loputatud ja kuivatatud
- 1/4 tassi kirsstomateid, poolitatud
- 1/4 tassi kurki, viilutatud
- 1/4 tassi punast sibulat, õhukeselt viilutatud
- 1/4 tassi murendatud fetajuustu
- 2 supilusikatäit röstitud piinia- või pekanipähklit
- Balsamico vinegreti kaste

JUHISED:
a) Sega suures salatikausis omavahel segatud rohelised, vioolaõied, kirsstomatid, kurgiviilud, punase sibula viilud, murendatud fetajuust ja röstitud piiniaseemned.
b) Nirista peale balsamico vinegretti kaste ja viska õrnalt katteks.
c) Serveeri kohe särtsaka ja värskendava salatina.

76.Viola ja tsitruseliste salat

KOOSTISOSAD:
- 3 tassi beebispinati lehti
- 1/2 tassi vioolaõisi, loputatud ja kuivatatud
- 1/4 tassi apelsinitükke
- 1/4 tassi greibitükke
- 2 spl viilutatud mandleid, röstitud
- 2 supilusikatäit mett
- 1 sidruni mahl
- 1 sidruni koor

JUHISED:
a) Laota beebispinati lehed serveerimisvaagnale.
b) Puista vioolaõied, apelsinilõigud ja greibilõigud spinatilehtedele.
c) Puista peale röstitud viilutatud mandleid.
d) Kastme valmistamiseks vispelda väikeses kausis mesi, sidrunimahl ja sidrunikoor.
e) Nirista kaste salatile vahetult enne serveerimist.
f) Viska õrnalt, et kombineerida ja nautida erksaid ja tsitruselisi maitseid.

77.Viola ja kitsejuustu salat

KOOSTISOSAD:
- 4 tassi segatud salatirohelist
- 1/2 tassi vioolaõisi, loputatud ja kuivatatud
- 1/4 tassi murendatud kitsejuustu
- 1/4 tassi röstitud kreeka pähkleid, hakitud
- 1/4 tassi värskeid vaarikaid
- 2 spl vaarikaäädikat
- 2 spl ekstra neitsioliiviõli
- 1 tl Dijoni sinepit
- Sool ja pipar maitse järgi

JUHISED:
a) Asetage segatud salatirohelised suurde salatikaussi.
b) Puista roheliste peale vioolaõied, murendatud kitsejuust, röstitud kreeka pähklid ja värsked vaarikad.
c) Segage väikeses tihedalt suletava kaanega purgis vaarikaäädikas, oliiviõli, Dijoni sinep, sool ja pipar. Loksutage tugevalt, et kaste emulgeerida.
d) Vahetult enne serveerimist nirista salatile vaarikavinegretti.
e) Loksutage õrnalt, et salati koostisosad kataks kastmega.
f) Serveeri kohe ja naudi meeldivat maitsete kombinatsiooni.

78.Roheline salat söödavate lilledega

KOOSTISOSAD:
- 1 tl punase veini äädikat
- 1 tl Dijoni sinepit
- 3 supilusikatäit ekstra neitsioliiviõli
- Jäme sool ja värskelt jahvatatud pipar
- 5 ½ untsi õrnaid beebisalati rohelisi
- 1 pakk pihustamata vioolasid või muid söödavaid lilli

JUHISED:
a) Sega kausis äädikas ja sinep.
b) Vispelda vähehaaval sisse õli, seejärel maitsesta kaste soola ja pipraga.
c) Viska kaste rohelistega ja peal lilledega. Serveeri kohe.

MIKROROHELISTE JA IDUDE SALAT S

79.Squash, Mikrorohelised ja Quinoa salat

KOOSTISOSAD:
VEGAN SEESAMI-KÜÜSLLUGU KASTTE
- 1 supilusikatäit Tahini pasta
- 2 supilusikatäit oliiviõli
- 2 küüslauguküünt
- 2 supilusikatäit pune
- 2 supilusikatäit koriandrit
- ½ Jalapeno (valikuline)
- 3 supilusikatäit õunasiidri äädikat
- Sool ja pipar maitse järgi

RÖSTITUD SQUASH SALAT
- 1 Acorn Squash (tükeldatuna hammustuse suurusteks tükkideks)
- 1 supilusikatäis oliiviõli
- 1 supilusikatäis punaseid tšillihelbeid
- soola
- ½ tassi Mikrorohelised
- ¼ tassi kinoa, keedetud
- sool

JUHISED:
a) Kuumuta ahi 425 kraadini F.
b) Nirista kõrvitsale oliiviõli ja sega korralikult läbi, seejärel laota kõrvits ühe kihina küpsetusplaadile, maitsesta soola ja tšilliga.
c) Rösti kõrvitsat 25 minutit.
d) Kastme valmistamiseks sega kõik koostisained köögikombainis ja vahusta ühtlaseks massiks.
e) Kui kõrvits on pehme, viige see salatikaussi. Viska pool kastmest peale kinoa. Vahetult enne serveerimist viska sisse mikrorohelised ja nirista peale ülejäänud kaste.

80. Kevadine Mikrorohelisedi salat

KOOSTISOSAD:
SALAT:
- 1 tass mikrorohelist omal valikul
- 1 väikesteks tükkideks lõigatud vereapelsin
- 1/2 avokaado kuubikuteks
- 1/2 tassi julienned daikon redis
- 1/4 tassi pähkli tükid

RIIDEMINE:
- 1 supilusikatäit. külmpressitud oliiviõli
- 1 supilusikatäit. sidrunimahl
- 1 hakitud küüslauguküüs
- Natuke soola ja pipart

JUHISED:
a) Kombineerige kõik salati koostisosad suures segamiskausis.
b) Sega suletud anumas kastme ained ja loksuta korralikult läbi. Viska ja serveeri!

81.Vikerkaare salat

KOOSTISOSAD:
- 1 (5 untsi) pakend võipeasalatit
- 1 (5 untsi) pakend rukolat
- 1 (5 untsi) pakend Mikrorohelised
- 1 õhukeselt viilutatud arbuusi redis
- 1 õhukeselt viilutatud lilla redis
- 1 õhukeselt viilutatud roheline redis
- 3 vikerkaare porgandit, raseeritud lintideks
- 1/2 tassi õhukeselt viilutatud kirgasherneid
- 1/4 tassi punast kapsast, hakitud
- 2 šalottsibulat, lõigatud rõngasteks
- 2 vereapelsini, segmenteeritud
- 1/2 tassi veriapelsinimahla
- 1/2 tassi ekstra neitsioliiviõli
- 1 spl punase veini äädikat
- 1 spl kuivatatud pune
- 1 spl mett
- Sool ja pipar, maitse järgi
- kaunistamiseks söödavad lilled

JUHISED:
a) Sega anumas oliiviõli, punase veini äädikas ja pune. Lisa šalottsibul ja lase vähemalt 2 tundi letil marineerida.
b) Tõsta šalottsibul kõrvale.
c) Segage purgis apelsinimahl, oliiviõli, mesi ning veidi soola ja pipart, kuni see on paks ja sile. Maitsesta soola ja pipraga maitse järgi.
d) Viska mikrorohelised, salat ja rukola koos umbes 1/4 tassi vinegretiga väga suurde segamisnõusse.
e) Viska kokku pooled redisest, porgandist, hernestest, šalottsibulatest ja apelsinitükkidest.
f) Pane kõik kokku värvilise mustriga.
g) Viimistlemiseks lisage ekstra vinegrett ja söödavad lilled.

82. Mõrkjas salat

KOOSTISOSAD:
RIIDEMINE:
- 1/2 tassi veriapelsinimahla
- 1/4 tassi vahtrasiirupit
- 2 T sidrunimahla

SALAT:
- 1 väike radicchio, tükkideks rebitud
- 1/2 tassi õhukeselt viilutatud lillat kapsast
- 1/4 väikest punast sibulat, peeneks hakitud
- 3 redist, lõigatud õhukesteks viiludeks
- 1/2 tassi värskelt lõigatud kapsa mikrorohelist
- 1 T oliiviõli
- soola ja pipart maitse järgi
- 1 vereapelsin, kooritud ja valge südamik eemaldatud; segmenteeritud
- 1/3 tassi ricotta juustu
- 1/4 tassi granaatõunaseemneid
- 1/4 tassi piiniaseemneid, röstitud

JUHISED:
a) Kastmeks: Sega väikeses kastrulis kõik koostisosad kokku ja kuumuta nõrgal tulel.
b) Laske 20-25 minutit haududa või kuni saate umbes 4 T paksu siirupi. Enne serveerimist laske jahtuda.
c) Salati jaoks: Sega kausis kokku radicchio, kapsas, sibul, redis ja mikrorohelised.
d) Sega õrnalt oliiviõli, soola ja pipraga. Määri serveerimisvaagnale väikeste lusikate ricotta juustuga.
e) Nirista kõige peale veriapelsinisiirup ning puista peale piiniaseemned ja granaatõunaseemned.

83.Metsik riis ja mikroroheline salat

KOOSTISOSAD:
- 1/2 tassi metsikut riisi, keedetud
- 1/2 tassi pruuni pikateralist riisi
- 1/2 hakitud talisibulat
- 1/2 hakitud lamedate lehtedega peterselli
- 1/2 hakitud koriandrit
- 1/4 hakitud meelelehti
- 1/2 hakitud tilli
- 1 väike punane sibul
- 2 spl oliiviõli
- 1/4 tassi blanšeeritud mandleid
- 1/4 tassi kuldseid rosinaid, leotatud üleöö
- meresool, pipar maitse järgi

JUHISED:
a) Prae sibul oliiviõlis kuldpruuniks. Kühveldage see riisi segamise kaussi.
b) Rösti samal pannil mandlid ja rosinad ning kombineeri need riisikausis ülejäänud koostisosadega.
c) Lisa kõik ürdid ja riis ning maitsesta meresoola ja pipra ning sidrunipigistusega.

84. Mikrorohelised ja lumihernesalat

KOOSTISOSAD:
VIINIGRETT
- 1 1/2 tassi kuubikuteks lõigatud maasikaid
- 2 spl. valge palsamiäädikas
- 1 tl. puhas vahtrasiirup
- 2 tl. laimi mahl
- 3 spl. oliiviõli

SALAT
- 6 untsi mikrorohelised ja/või salatirohelised
- 12 lumehernest õhukeselt viilutatud
- 2 redist, õhukeselt viilutatud
- Kaunistuseks poolitatud maasikad, söödavad lilled ja värsked ürdioksad

JUHISED:
a) Vinegreti valmistamiseks vahusta segamisnõus kokku maasikad, äädikas ja vahtrasiirup. Kurna vedelik ning lisa laimimahl ja õli.
b) Maitsesta soola ja pipraga.
c) Salati valmistamiseks sega suures segamiskausis kokku mikrorohelised, lumeherned, redised, säästetud maasikad ja 1/4 tassi vinegretti.
d) Lisa kaunistuseks poolitatud maasikad, söödavad lilled ja värsked ürdioksad.

85. Päevalille idu salat

KOOSTISOSAD:
SALAT
- 1 ½ C päevalille idud
- 1 C rukola
- 2 porgandit, hakitud või tükeldatud
- 3 õhukeseks viilutatud redist
- 1 väike-keskmine kurk, viilutatud

RIIDEMINE
- 2 T värsket sidrunimahla
- ½–1 tl agaavi
- ½ tl Dijoni sinepit
- ¼ tl koššersoola
- ¼ C oliiviõli

JUHISED:
a) Kombineeri kõik köögiviljad.
b) Sega kõik kastme koostisained omavahel.
c) Viska see kõik kokku!

86.India pähkli koorega oakauss

KOOSTISOSAD:
- ½ tassi tooreid india pähkleid, leotatud üleöö
- 2 spl kanepiseemneid
- 1 spl toitainepärmi
- ¼ tassi tavalist mandlipiima
- 2 laimi
- 1 tass viinamarjatomateid, neljaks lõigatud
- ¼ väikest punast sibulat, peeneks hakitud
- 2 spl värsket koriandrit, hakitud
- 1 avokaado
- 1 purk musti ube, nõruta ja loputa
- ½ tl tšillipulbrit
- ½ tl köömneid
- ½ tl suitsutatud paprikat
- ½ tl Cayenne'i pipart
- ½ tassi hernevõrseid või mikrorohelisi
- sool ja pipar

JUHISED:
a) Sega köögikombainis kokku india pähklid, kanepiseemned, toitev pärm, mandlipiim, 1 laimi mahl ja sool/pipar (maitse järgi). Töötle kõrgel kuumusel 3-4 minutit või kuni moodustub kreem.
b) Seganõus segage neljaks lõigatud kirsstomatid, kuubikuteks lõigatud punane sibul ja hakitud koriander. Maitsesta soola ja pipraga.
c) Kühveldage avokaado viljaliha väikesesse kaussi. Püreesta kahvli abil sisse teise laimi mahl. Maitsesta näpuotsatäie Cayenne'i pipra ja näpuotsatäie soolaga.
d) Kuumuta musti ube, tšillipulbrit, köömneid ja paprikat väikesel pannil keskmisel-madalal kuumusel 4-5 minutit.
e) Laota mustad oad kahte keskmise suurusega serveerimisnõusse, seejärel tõsta peale guacamole, hernevõrsed ja india pähkli kreem.

87. Mango, brokkoli ja maasikasalat

KOOSTISOSAD:
- 1 värske mango, lõigatud neljandikku
- 4 maasikat, lõigatud pooleks
- Tass värsket brokkoli mikrorohelist
- 3 rohelist oliivi

RIIDEMINE
- 1 supilusikatäis kirsiveini
- 1 tl sidruni soolvett
- Natuke selleri soola

JUHISED:
a) Aseta brokoli mikrorohelised, maasikas, mango ja oliivid serveerimisvaagnale.
b) Sega kastme ained väikeses anumas ja vala salatile.
c) Sega ja serveeri kohe.

88. Redise ja idu salat

KOOSTISOSAD:
- 4 redist õhukesteks viiludeks
- 2 väikest porgandit, kooritud ja õhukesteks viiludeks
- 1 tass kooritud edamame ube
- 3 tassi idanemist, pestud ja kuivatatud (redis, lutsern, päevalill või mõni muu sort)
- 1 supilusikatäis värskeid koriandri lehti
- 1 supilusikatäit värskeid peterselli lehti (valikuline)

RIIDEMINE
- 1 1/2 tl köömneid, röstitud ja jahvatatud
- 1 väike küüslauguküüs, pressitud
- 1 supilusikatäis õunasiidri äädikat
- 2 supilusikatäit ekstra neitsioliiviõli
- Sool ja värskelt jahvatatud pipar

JUHISED:
a) Segage suures segamiskausis köögiviljad, edamame, idud ja ürdid.
b) Rösti köömneid kuumutatud pannil 1–2 minutit või kuni lõhnamiseni, seejärel jahvatage uhmris ja nuia või maitseaineveskis peeneks.
c) Segage väikeses kausis küüslauk, äädikas ja õli. Maitsesta maitse järgi soola ja pipraga.
d) Nirista kaste salatile ja serveeri.

89.Mikrorohelised segatud salat

KOOSTISOSAD:
- 1 tass segatud mikrorohelist
- Pool avokaadot, kooritud ja kuubikuteks lõigatud
- 1 supilusikatäit riivitud porgandit
- 1 supilusikatäis röstitud piiniaseemneid või mandleid
- 1/2 kooritud mandariini või tavalist apelsini

VIINIGRETT
- 1 supilusikatäit ekstra neitsioliiviõli
- 1 spl värsket apelsinimahla
- 1 tl laimimahla
- Pool tl sinepit
- Sool ja pipar maitse järgi

JUHISED:
a) Viska mikrorohelised koos ülejäänud salati koostisosadega kaussi.
b) Sega kõik vinegreti koostisosad suures segamisnõus ja vala salatile.
c) Sega kõik õrnalt kätega kokku.
d) Puista peale röstitud piiniaseemneid või mandleid.

90.Arbuus Mikrorohelisedi salatiga

KOOSTISOSAD:
- Peotäis mikrorohelisi
- 1 ristkülikukujuline arbuusiviil
- 2 supilusikatäit hakitud mandleid
- 20 g fetajuustu, murendatud
- 1 1/2 supilusikatäit ekstra neitsioliiviõli
- 1 spl palsamiäädikat
- Soola maitse järgi

JUHISED:
a) Asetage oma arbuus taldrikule.
b) Määri fetajuust ja mandlid arbuusi peale.
c) Nirista neile ekstra neitsioliiviõli ja palsamiäädikat.
d) Lisage peale mikrorohelised.

91.Mikroroheline kevadsalat

KOOSTISOSAD:
- 2 supilusikatäit soola
- 1 peotäis hernevõrse mikrorohelisi
- 1/2 tassi fava ube, blanšeeritud
- 4 porgandit, väikesteks kuubikuteks, blanšeeritud
- 1 peotäis Pak Choi mikrorohelist
- 1 peotäis Wasabi Sinepi mikrorohelist
- 1 näputäis amarandi mikrorohelist
- 4 redist, viilutatud õhukesteks müntideks
- 1 tass herned, blanšeeritud
- Sool ja pipar maitse järgi

PORGANDI-INGVERIKASTTE
- 1-tolline ingver, kooritud ja viilutatud müntideks
- 1/4 tassi riisiveini äädikat
- 1/2 tassi vett
- 1 supilusikatäit sojakastet
- 1 supilusikatäis majoneesi
- Koššersool ja must pipar maitse järgi

JUHISED:
a) Sega kausis kokku mikrorohelised, redised, porgandid, herned ja fava oad. Maitsesta kergelt soola ja pipraga.
b) Asetage ingver, 1/2 tassi reserveeritud porgand, riisiveiniäädikas ja vesi segistisse ning segage ühtlaseks massiks.
c) Pärast segistist väljavõtmist ja kaussi panemist vispelda juurde sojakaste ja majonees. Maitsesta vajadusel soola ja pipraga.
d) Enne serveerimist valage salat kastmega üle nii, et see kataks kergelt rohelised ja köögiviljad.

92. Mikrorohelised ja redisesalat

KOOSTISOSAD:
- 1 pakk mikrorohelist
- 6 redist, poolitatud või viilutatud
- 2 supilusikatäit laimimahla
- 1/8 tl kuiva sinepipulbrit
- 1/4 tl soola
- 4 supilusikatäit oliiviõli
- jäme meresool, maitse järgi
- jahvatatud pipar, maitse järgi

JUHISED:
a) Visake mikrorohelised ja redised serveerimisnõusse ja jahutage, kuni olete serveerimiseks valmis.
b) Segage ülejäänud koostisosad segamisnõus, katke ja jahutage, kuni olete serveerimiseks valmis.
c) Vahetult enne serveerimist raputa salat kergelt kastmega üle ning maitsesta meresoola ja värskelt jahvatatud pipraga.

93.Marja ja rukola salat

KOOSTISOSAD:

- 3 1/2 tassi mikrorukolat
- 1 tass murakad
- 2 spl piinia pähkleid
- 1 kõrv punane mais, lõigake tõlvik ära
- 1/2 hunnik valget sparglit
- 2 spl ekstra neitsioliiviõli
- 1 spl punase veini äädikat
- 1 küüslauguküüs, pressitud
- 2 spl hakitud kapparimarju
- 1 1/2 supilusikatäit piparmünt, peeneks hakitud
- meresool
- must pipar

JUHISED:

a) Sega väikeses segamisnõus oliiviõli, punase veini äädikas, piparmünt, küüslauk, hakitud kapparimarjad ja veidi soola.
b) Määri spargel kergelt oliiviõliga ja prae keskmisel kuumusel grillpannil.
c) Lisa maitse järgi veidi soola ja pipart. Lõika iga tükk pooletollisteks tükkideks.
d) Sega suures segamiskausis salati valmistamiseks mikrorohelised, mais, spargel, murakad ja piiniapähklid.
e) Viska peale salatikaste.
f) Serveeri kohe!

94.Maasika mikroroheline salat

KOOSTISOSAD:
- 3 tassi orgaanilisi mikrorohelisi
- 1 tass viilutatud maasikat

MAASIKAKASTE
- 6 maasikat
- 1 supilusikatäis palsamiäädikat
- 1 tl toores mett
- 2 spl oliiviõli
- Natuke soola ja pipart
- ¼ tassi hakitud suhkrustatud kreeka pähkleid

JUHISED:
a) Kombineerige mikrorohelised, maasikad ja kaste suures segamisnõus.
b) Puista peale kreeka pähkleid.

95.Mikroroheline kinoa salat

KOOSTISOSAD:
SALATI JAOKS:
- 1 tass keedetud kinoat
- 1 tass pärandtomateid poolitatud
- 1/2 tassi kivideta Kalamata oliive
- 2 1/2 supilusikatäit peeneks viilutatud rohelist sibulat
- 1 unts keedetud mustad oad
- 1/2 avokaadot lõigatakse väikesteks ruutudeks
- 2 tassi mikrorohelist

RIIDEMISEKS:
- 2 suurt küüslauguküünt
- 1/4 tassi punase veini äädikat
- 1/4 tassi värskeid basiiliku lehti
- 1 tl koššersoola
- 1 tl musta pipart
- 1/2 tassi oliiviõli

JUHISED:
a) Sega köögikombainis punase veini äädikas, küüslauk, basiilik, sool ja pipar.
b) Pulseerige suurel kiirusel, lisades samal ajal aeglaselt õli, kuni see on emulgeeritud.
c) Sega salati koostisosad kahe supilusikatäie kastmega. Soovi korral lisa kastet.
d) Serveeri kohe või hoia kasutusvalmis külmkapis.

96.Vikerpeedi- ja pistaatsiasalat

KOOSTISOSAD:
- 2 väikest vikerpeeti kobarat, kärbitud
- Rapsiõli peedi jaoks

BASIILIK SIDRUNIOLIIVIÕLI:
- 2 tassi lahtiselt pakitud basiilikut
- napp 1/4 tassi oliiviõli
- 1/2 sidrunimahla
- näputäis koššersoola
- 1 supilusikatäis hakitud pistaatsiapähklit
- 1 tass mikrorohelist
- Tsitrusviljade sool – valikuline

JUHISED:
a) Viska peet 1–2 sl rapsiõliga, kuni need on õrnalt kaetud.
b) Asetage peet äärega küpsetusplaadile, katke fooliumiga ja röstige grillil 30–45 minutit või kuni see on pehme ja pruunistunud.
c) Eemaldage peedilt koored ja visake need ära.
d) Basiiliku oliiviõli valmistamiseks sega kõik koostisosad blenderis ühtlaseks massiks.
e) Nirista kahe väikese taldriku põhjale väike kogus basiiliku oliiviõli.
f) Puista igale taldrikule väike kogus mikrorohelist, pool peedist, tsitruseliste ürdisool ja pistaatsiapähklid.
g) Asetage ülejäänud mikrorohelised iga plaadi peale.

97. Köögiviljad ja Farro

KOOSTISOSAD:
- 2 porgandit, kooritud ja viilutatud
- 2 pastinaaki, kooritud ja viilutatud
- 8 untsi kärbitud rooskapsast
- 1/4 tassi oliiviõli, jagatud
- 1/4 tl soola, jagatud
- 1/4 tl musta pipart, jagatud
- 1 tass farro, kuiv
- 1 spl õunasiidri äädikat
- 2 tl Dijoni sinepit
- 1/4 tassi pekanipähklit, jämedalt hakitud
- 1/4 tassi rosinaid

JUHISED:
a) Kuumuta ahi 400 kraadi Fahrenheiti järgi.
b) Viska porgandid, pastinaak ja rooskapsas õliga määritud küpsetuspannile 2 spl oliiviõli, 1/8 tl soola ja 1/8 tl pipraga.
c) Rösti 20-25 minutit, kuni see on läbi küpsenud ja servadest krõbe, poole peal ümber pöörates.
d) Farrot tuleks küpsetada vastavalt pakendi soovitustele.
e) Segage väikeses tassis ülejäänud 2 supilusikatäit oliiviõli, ülejäänud 1/8 tl soola, ülejäänud 1/8 tl pipart, siidriäädikat ja Dijoni sinep.
f) Rösti pekanipähklid kuival praepannil keskmisel kuumusel aromaatseks, umbes 2–3 minutit.
g) Kombineerige röstitud köögiviljad, keedetud farro, kaste, röstitud kreeka pähklid ja rosinad suures segamiskausis.

98.Quinoa rukola salat

KOOSTISOSAD:
- 1 tass kinoa
- 3 spl sidrunimahla
- 3 supilusikatäit oliiviõli
- 1/4 tl pipart
- 1/8 tl soola
- 2 tassi arbuusi, lõigatud väikesteks kuubikuteks
- 2 tassi beebi rukolat
- 1 tass kirsstomateid, poolitatud
- 1/4 tassi värsket piparmünti, jämedalt hakitud
- 2 supilusikatäit kreeka pähkleid, jämedalt hakitud

JUHISED:
a) Järgige kinoa valmistamisel pakendi juhiseid. Enne serveerimist lase jahtuda toatemperatuurini.
b) Segage väikeses tassis sidrunimahl, oliiviõli, pipar ja sool ning pange kõrvale.
c) Sega jahtunud kinoa, arbuus, rukola, kirsstomatid, piparmünt, kreeka pähklid ja kaste suures segamisnõus.
d) Sega kõik kokku, serveeri ja naudi!

99.Segaroheline salat peediga

KOOSTISOSAD:
- 2 keskmist peeti, pealsed kärbitud
- 2 supilusikatäit kaltsiumiga rikastatud apelsini mahla
- 1 1/2 teelusikatäit mett
- 1/8 tl soola
- 1/8 tl musta pipart
- 1/4 tassi oliiviõli
- 2 supilusikatäit tooreid kooritud päevalilleseemneid
- 1 apelsin, lõigatud tükkideks
- 3 tassi pakitud segatud salatirohelist
- 1/4 tassi vähendatud rasvasisaldusega fetajuustu, purustatud

JUHISED:
a) Keskmises kastrulis katke peedid veega. Kuumuta keemiseni, seejärel alanda madalale kuumusele.
b) Küpseta 20-30 minutit või kuni kahvel on pehme, kaetud. Peet tuleks kurnata.
c) Kui peet on käsitsemiseks piisavalt jahtunud, koorige need jooksva vee all ja lõigake viiludeks.
d) Vahepeal segage apelsinimahl, mesi, küüslauk, sool ja pipar ühes purgis.
e) Raputa peale oliiviõli, kuni kaste on ühtlane. Eemaldage võrrandist.
f) Sulata väikesel pannil või keskmisel-madalal kuumusel.
g) Kuival praepannil röstige päevalilleseemneid 2–3 minutit või kuni need muutuvad aromaatseks.
h) Viska suurde serveerimisnõusse peet, päevalilleseemned, apelsinilõigud, segatud rohelised ja fetajuust.
i) Serveeri kastmega.

100.Brüsseli kapsa salat

KOOSTISOSAD:
- 1 tass kuiva bulgurit
- 8 untsi rooskapsast
- 1 granaatõun
- 1 pirn, tükeldatud
- 1/4 tassi kreeka pähkleid, jämedalt hakitud
- 1 keskmine šalottsibul, hakitud
- 2 spl oliiviõli
- 2 spl palsamiäädikat
- 1/8 tl soola
- 1/8 tl pipart
- Toores rooskapsa salat

JUHISED:
a) Segage väikeses kastrulis 2 tassi külma vett ja kuivatage bulgur. Kuumuta keemiseni, seejärel alanda kuumust madalale ja sega aeg-ajalt.
b) Hauta 12-15 minutit või kuni bulgur on pehme. Üleliigne vedelik tuleks kurnata ja panna kõrvale jahtuma.
c) Lõika rooskapsadelt varred ära ja eemalda kõik kõvad või kuivanud lehed.
d) Lõika rooskapsas ülalt alla pooleks, eemaldades vars. Asetage rooskapsas lõigatud pool allapoole ja hakake neid peeneks viilutama ülalt alla.
e) Viska suures segamisnõus õrnalt rooskapsaid, kuni kihid lagunevad, ja tõsta seejärel kõrvale.
f) Eemalda granaatõunast seemned.
g) Kui granaatõun on kriipsutatud, keerake see pooleks ja eemaldage seemnete eemaldamiseks nahk ettevaatlikult. Hoidke granaatõuna lõigatud külge kausi kohal ja lööge puulusikaga selle tagakülge, kuni kõik seemned kukuvad välja.
h) Viska rooskapsas peale granaatõunaseemnete, kreeka pähklite ja pirnidega. Viska bulgur kahvliga läbi ja serveeri koos salatiga.
i) Kombineerige šalottsibul, õli, äädikas, sool ja pipar eraldi väikeses kausis.
j) Viska salat kastmesse segunema. Serveeri ja naudi!

KOKKUVÕTE

Kui lõpetame oma teekonna läbi lillesalatite maailma, loodan, et see kokaraamat on inspireerinud teid oma köögis söödavate lillede ilu ja maitset omaks võtma. "Kroonlehest taldrikuni: lillejõu salatid" on loodud kirega tähistada aia loomulikku rikkalikkust ja kasutada värskete hooajaliste koostisosade toitvat jõudu.

Aitäh, et liitusite minuga sellel kulinaarsel seiklusel. Olgu teie köök täidetud söödavate lillede erksate värvide ja õrnade maitsetega ning olgu teie iga suutäis lillesalatit tervise, elujõu ja looduse ilu pidu.

Kuni taaskohtumiseni, head salatitegemist ja teie kulinaarne looming õitsegu jätkuvalt maitsvateks ja toitvateks naudinguteks!

www.ingramcontent.com/pod-product-compliance
Lightning Source LLC
Chambersburg PA
CBHW071854110526
44591CB00011B/1403